JN013196

ポスト資本主義日本文明

オオハシ トクジ

星雲社

福岡市中央区　天神　[illegible]

はじめに

仏教はインドで発祥、中国に伝わり日本に伝来。
日本にインドの独創性はない。中国程の実利性も無い。
だが、日本に伝わると世界一のものになる。
不具合を直し、熟成する能力は世界で日本が一番だ。
仏教哲学は日本で完成度を上げ世界性を持った。

第一期ジャポナイズ、聖徳太子の「世間虚仮 唯仏是真」と「17 条憲法」は仏教の持つ絶対性で国教化。この世は泡沫、あの世こそ真。この世に住む者の心得を、憲法化した。(詳しくは後述)
第二期ジャポナイズ、空海・最澄らによる本覚思想と草木国土悉皆成仏思想で神仏習合。仏教中心の日本文明は、自然と他の生態系に目が届く持続的思想に進化。(詳しくは後述)
第三期ジャポナイズ、法然・親鸞らが人間の持つ善悪二つの極「煩悩と霊性」を仏教思想に明確化、人間の弱点をどう克服するかで仏教思想を地動説化した。(詳しくは後述)
第四期ジャポナイズ、明治期に清沢満之、中村天風、鈴木大拙らが更に仏教を熟成。清沢は生と死、煩悩と霊性等を相対有限と絶対無限に峻別。中村は自分の正体を「生命」と気づき、それが宇宙生命と同質・同類と見抜いた。
鈴木は、その絶対無限や生命こそ神仏であり、その名を「日本的霊性」と命名。(詳しくは後述)

単なるジャポナイズでなく、梅原は仏教の世界性に言明。西洋哲学の本質は「生」だけしか捉えていない片面的な、いわば天動説哲学だ。理性・欲望・自利を基調とする西洋哲学、資本主義文明は、戦争・核兵器・貧富格差超拡大・地球環境悪化を無くせない。対する日本文明は、それら全てを解決出来る。「生死一如」、生死を俯瞰した地動説的見解で、あるがままを捉えていると表明。明治から二度の神殺しが如何に文明的、唾棄問題かを文言化。（詳しくは後述）

政治学者サミュエル・ハンチントンは 21 世紀初頭「文明の衝突」で、人類文明を世界八大文明に分類、中に日本文明を叙している。彼によれば文明の基本要件は、優れた宗教、言語、文学、芸術、科学技術等、としている。ところが明治の神仏分離令（廃仏毀釈令）と戦後、宗教そのものを排除し科学以外信じるな、とする占領米軍政策により仏教は単なる葬式仏教にされた。

日本文明には生命第一、反資本主義の思想がある。それに沿う作品群がある。世界に浸透する手塚治虫とトキワ荘の人々、寅次郎映画・山田洋次、アニメ・宮崎駿等、いずれも資本主義的自利、うしろ暗い利養心が毫も無い。日本文明の核、伝統仏教の「利他」「生命の美しさ切なさ」生命第一の文明が次の世界文明だ。日本的霊性思想は「煩悩」（相対有限）と「霊性」（絶対無限）の二極を捉え、人間の霊性を承認、信憑して人類の標準思考とし、オカネ第一ではなくなる人類文明に上質化する。（以下も文中敬称略）

ポスト
資本主義
日本文明

目次

目次

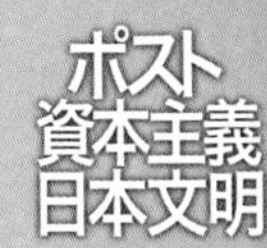
ポスト
資本主義
日本文明

Contents

第４部　次の世界思想

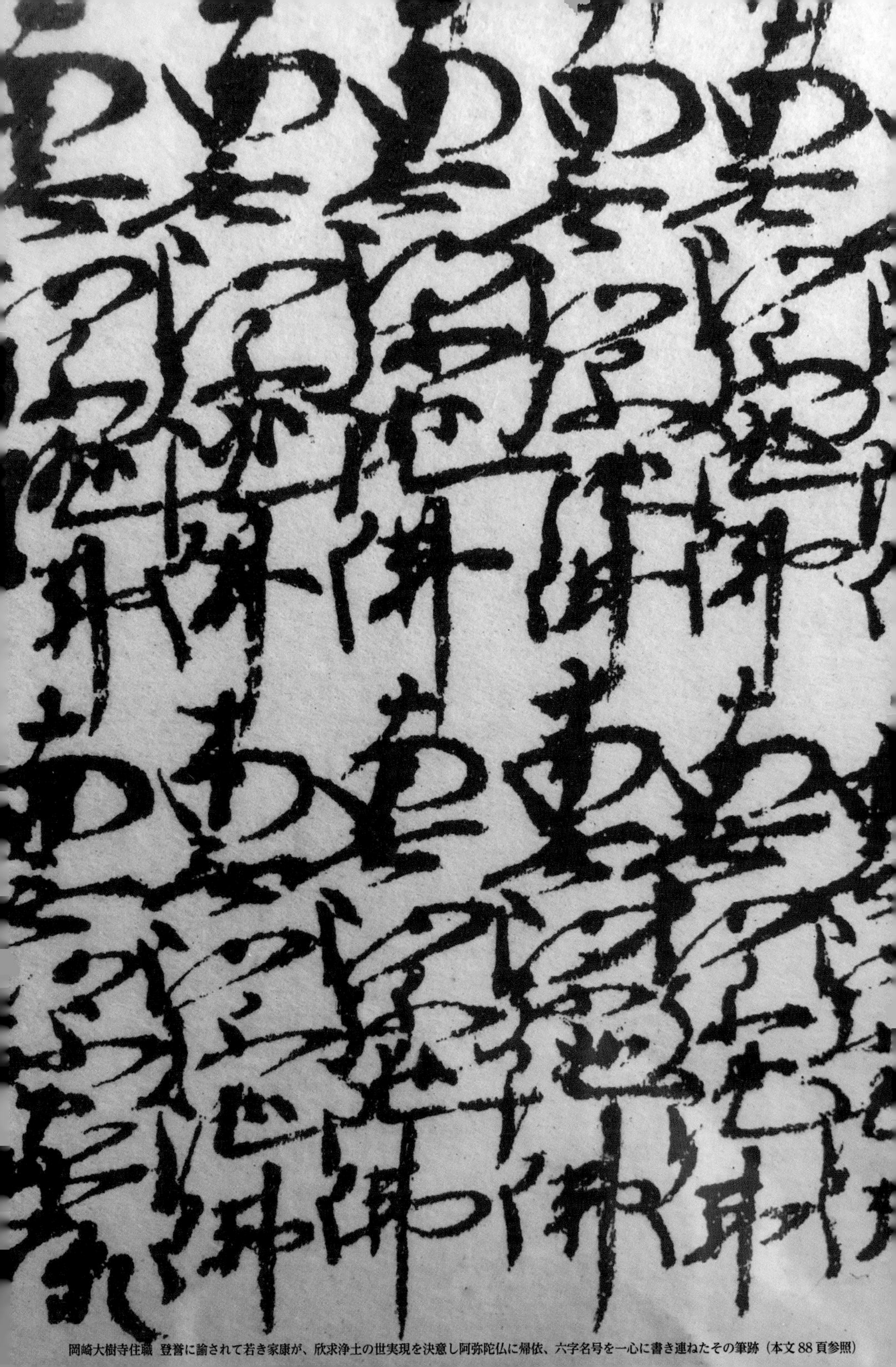

岡崎大樹寺住職 登誉に諭されて若き家康が、欣求浄土の世実現を決意し阿弥陀仏に帰依、六字名号を一心に書き連ねたその筆跡（本文 88 頁参照）

人間の本性は 善か、悪か。

①相田みつをの「にんげんだもの」の詩が何故良いか。②宮沢賢治の「雨にも負けず」の詩がそして③金子みすゞの「大葉イワシの大漁」が何故、人の心に感動を呼び起こすのか。
人を信用するのか、しないのか。それは人間の本質が性善説か性悪説かの問いだ。伝統仏教で人は、両方の性質を持っていると分析する。どちらに頼れば各自と社会発展が望めるか。答えは性善説だ。性悪説に基づけば、いずれ人間を残らず消滅させねばならない。人間に霊性と良心がないなら、究極、他に道は無い。人間のどこを信用するか。2500 年前から人間分析をしてきた仏教思想は、人に２つの性質が有ると言う。①性悪的な煩悩（欲望）と②性善的な仏心（霊性・良心）。
人間はこの二つの極、両方を持っている。人間が煩悩を克服して仏心（ほとけごころ）に基づき生きる。これが伝統仏教の思想だ。ではどうすれば煩悩を克服し仏心で各自が、社会が発展・繁栄出来るか、それが本書のテーマだ。

第1部
当初から仏教の先進性

紀元前500年、煩悩(自利)に気づいていた。

日本は縄文晩期。

生まれた子の才能・可能性、それは絶対無限だ。この重大な真実を見逃して死ぬ人が多い。子の才能や可能性は誰も未曾有で際限ない。出生の確率は、10億円の宝くじを連続1000回当たるより困難だ。自分がこの世に生まれる真の価値を骨身に染みて自覚しろ、とお釈迦さんは言う。私達一人一人は、個性や独自性を持っている。それを駆使して、世界で唯一人の生きる道をそれぞれが創造せよ、という意味が「天上天下唯我独尊」に込められている。金儲けして楽に暮らそうなどと考えるな。かと言って貧乏を続けろとは言っていない。自分の個性・独自性と人間の全可能性の中から自分に合った生きる道を探す。又は生きる方法を創造しろ、とお釈迦様は言う。日本に伝来して発展して来た伝統仏教は、そうした各自の抱えている問題解決の為の究極思想として益々今日性がある。

私が偉い、と言ってない。

お釈迦さんの思想は次期世界文明そのものだ。

人間一人、誕生の重さを短い言葉で言いきれる天才性に釈迦の今日性がある。一部の人が、この8文字を「自分だけが偉い」と受け取るが誤りだ。出産し無事に成人する確率、どれも奇跡である。自分はどれ程大きな可能性を秘めているか計り知れない。この事実を自分の本領・可能性を全開し、生きる道を探そう。人生とは深き広き強き創造である。

人間が生まれた途端に7歩、歩けるわけがない。お釈迦さんは2500年前、人類に空前絶後の影響力を持ってこの世に生れた人だ。この人の言葉は我々にとって、真実性・斬新性・誠実性が群を抜いている。「天上天下唯我独尊」は、人間一人、出生する創造性の真実を言う。「氏より育ち」どころではない。私達は、父母を超えて何かが出来る可能性の塊だ。

紀元前 500 年、煩悩（自利）に気づいていた。

仏教の伝播　出典：ユヴァル・ノア・ハラリ著「サピエンス全史（下）」、28 頁を基に彩色

天上天下唯我独尊。

世の中で私が一番偉いと読める。それは違う。お釈迦様が人類に伝えたいのは、「世の中に生まれ出てくる私達は、かけがえのない個性・独自性を持つオンリーワンの生命体である」と言っている。尊い存在としての私達は、固有で独自の成長環境と父母・兄弟・友人の存在がある。先天的遺伝子と後天的環境で、皆、世界に唯一の個性がある、とお釈迦様は言う。自分など、ろくに勉強せず学歴も無い。これで将来は知れている、と諦めては、決していけない。私達一人一人には、確実に、「生命」という「絶対無限」が一つある。この価値は計り知れない。理知だけ「生」だけの西洋哲学思想の片面性と比べて、釈迦の仏教思想は、始めからあるがままの両面性 (注) を持った二極統合的発想だ。

注：生命体及び生命の存在は「生死」をワンセットと捉えるのがあるがままの両面性である。生だけの生は無い。死という側面があってはじめて人生は成立する。

考え方の基礎が間違いだった。

あれから 2500 年。今私達は、ソクラテス、プラトンの哲学が基礎の知性・理性の最先端、新自由主義文明社会で暮らしている。しかし、それで戦争・核兵器が無くならず貧富格差の超拡大・地球環境の悪化、はどうにもならない。それだけでない。AI・アルゴリズムの進化で今後人類の 90% が不要者階級になると言われる。ゾッとするような未来社会だ。ではいずれ残り 10% の人々も人類と全生態系の絶滅も覚悟せねばならない。そうした絶望社会を劇的に変えるヒントが釈迦仏教の文明思想にあった。「体」「心」「生命」のうち、体・心の理知だけが作動して「生命」は何故か除外された。生命の持つ絶対性、霊性・良心の市民権が無かった。何のことはない。片面的認識の哲学思想社会だった。体・心・生命、三つ。あるがままを認める社会が本物の人類社会だ。

本領発揮をしなさい。

自分の「本領」とは何か。野球のイチローはボールを捕って打って投げて走るのが得意だった。それで有名になった。画家の山下清は脳に障害があった。絵が独自な表現で、見る人の心を奪った。失業していた山形県のある男性は、土器を触り始めて自分の才能に気づいた。ダンス、工事、何でもいい。やっているとフロー状態になる。それは既にあなたの「本領」だ。私達には、規模の大小や質量の広範さを超えて独自の「本領」があるのだよ、と、釈迦の誕生第一声は言っている。これが次期世界文明、進化発展の最重要成功ノウハウだ。自分の「生命」には、他にも絶対無限性、利他や少欲知足の特性がある。自分の「生命力」について深い知識と認識がこれからは必要だ。

合気道
相模原五十嵐道場　夏合宿

「自分と大自然」の関わりを知れ。

日本文明は凄い
お釈迦さんの生まれた時と
死の直前の言葉に納得。

自灯明とは、自分を知りなさい、と言っている。自分の本質とは、自分の「生命」だ。「生命」は、眼で見えない。「生命」は人間を電気椅子に乗せるか絞首刑にすれば飛んでしまう、儚いものだ。「生命」が飛んだ後の肉体を、死体と言う。生きている間だけ肉体に宿っている自分の正体が「生命」だと知りなさい、と言っている。「生命」は絶対無限の存在だ、と言う。法灯明とは、自分の「生命」だけでなく、他の「生命」との対比や関係性、生きとし生けるもの全ての「生命」、それら全てが繋がって慈しみあって進化発展していく。壮大な宇宙生命の営み全体に、「法」が潜んでいる、とお釈迦さんは説く。

釈迦　辞世の言葉。

「自灯明」「法灯明」
死の直前に発した
世界文明へのメッセージ。

何を意味してる？

自灯明は、誕生の言葉に続いてその先を言っている。何故「自分」の存在が尊いか、そのわけが問題だ。自分とは生まれてから死ぬまでの「肉体」か。この肉体に宿った「生命」か。判然としなければ既に「自分」を見失っている。お釈迦さんの言葉は意味深長で各自が持つ生命の成功の為の最終理論を言っているのだ。

法灯明
自灯明

法灯明は、宇宙の精妙な法則を超える宇宙生命が存在する、とお釈迦さんは説く。見えない自分の生命と宇宙の生命との同一性。仏教思想と科学がいずれ統合するもう一つの関門だ。見えない生命に何かがある。その何かと宇宙生命との関わり、「法灯明」は生命の保全・発展の無限性を説く。仏教と科学の未来的で世界性のあるテーマだ。

自灯明

「自分と大自然」の関わりを知れ。

伝統仏教由来、福井県 敦賀湾 灯篭流し

法灯明

「法灯明」って？

お釈迦様辞世のもう一つ「法灯明」。つまり「仏」の法。「人類はいずれたった一つの文明しかない」とユヴァル・ノア・ハラリは 21 レッスンズの文明の章で言っている。それがこの 21 世紀だとも。排他的な宗教ではなく、我が国の伝統仏教は、弁証法的で人間の持つ本性の二極、「生と死」「肉体と生命」「煩悩と霊性」の深い認識によって貧富格差拡大と戦争を絶滅する世界性を持つ。仏教の法とは人間の作った法律より、無限に優れたものだ。伝統仏教は日本の歴史とともに進化を遂げて来た。宇宙構造全体及び消滅生成（ブラックホール・ビッグバン）を繰り返す宇宙生命は無限で、絶対無限とは生き物の「生命」である。「生命」が持っている霊性・良心こそ「ほとけごころ」で、「仏」＝生命＝絶対無限

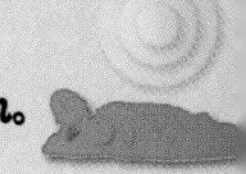

＝Amitabha（インド古語で絶対無限）＝霊性＝良心＝ほとけごころ＝利他と考える。「仏」とは何かについて、他にも色々表現されている。「南無不可思議光」と親鸞は言うがホトケ＝如来「絶対無限」の別表現で、無限の発展性を意味する。

「法灯明」の未来①

「法灯明」の世界を人類は今後何千年か先、遥かに明快な姿を捉えている筈だ。何故なら、鎌倉時代に起きた浄土教、法然・親鸞思想は、人間の持つ「煩悩」が存命中は不変の存在だと言った。それから600年後、明治期、清沢満之は煩悩やこの世を相対有限。生命・霊性やあの世を「絶対無限」と表現した。それから130年、21世紀に入って、絶対無限と相対有限の範疇は更に広がり、宇宙の概念、ゼロとイチ、繁栄と破滅、受容と拒否など法灯明の全体像は仏教思想の進化発展によって更に広がった。

「法灯明」の未来②

文明の進化発展とは、自由と平等、人権と主権の絶対値拡大だ。より大衆化され、過去に虐げられていた国、民族、地域、階級が、その恩恵を平等に自由に享受し、最終的に貧富格差縮小と戦争・核兵器絶滅へ、次期世界文明はシフトする歴史的必然性を持つ。その保証として各自の煩悩と霊性についての深い学習が、それを保証する。生命とは何か。生命の成り立ちと今後、の深い考察が成長期から子供達の必須学習課題となっていくだろう。あるがままの私達が、「煩悩と霊性」「肉体と生命」「相対有限と絶対無限」、これら二極が統合され、絶対無限を主軸としてはじめて世界文明と自然生態系も進化発展が保証される。

筆者が18年聴聞に通う
ありえないマラソン法座
日曜礼拝、年 正52回、満50年、
尚 記録更新中 、相模原 真宗 本弘寺

孔子
ソクラテス

二人は、人間の本質「生命」に近づけなかった。

孔子はソクラテスより８０年程前の思想家だ。二人は理性・知性によって真実を極めようとした。その結果孔子は「学んで益々迷い、極めて益々悩む」と述懐。何故学ばねばらなないかの理由は、結局分からない、と結論。ソクラテスも理性・知性の限界を告白する。「汝自身を知れ ＝ KnowThyself（ノーザイセルフ）」、この言葉自身は古代ギリシャの格言だったが、思想的終点に於いてこれが彼の言葉となった。自分は何者か。理・知によって明らかにしよう。自分の本質は何かを知ろうと、もがいた。そのもがきは人類社会で2500年続いている。現在、その先端部分として資本主義の先峰、新自由主義が世界全体を覆っている。人類は、その矛盾と宿痾の中にある。

理知・利己の世界から出られない。

理性と生命に相関関係は無い。

理性の文明は行き止り。

発達した資本主義文明は、多くの矛盾や問題を孕む。未だに戦争を無くせない、貧富格差拡大、地球環境悪化は止まらない、この三点に人類は半ば諦めの様相だ。戦争による大量の犠牲者、資本のエゴに由来する労働者の貧困。温暖化による災害激化、海水面上昇。紫外線の増加による皮膚ガン・白内障・免疫機能低下と、資本主義文明進行による災禍は拡大が止まらない。全ての根源に理性の孔子・ソクラテス以来の哲学・思想に基づく只今の資本主義文明がある。このまま人類は予期せぬ第三次世界大戦に突入し、核弾頭の応酬で現

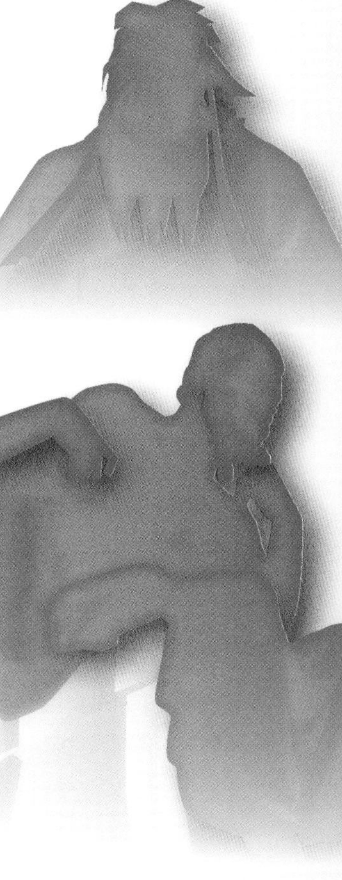

文明は破滅か。人類に未来を予知する能力は無い。想定外の事態が発生・進行しようと、止められない。あと少しでシンギュラリティ（技術的特異点）を迎える人類は、AI に未来のあり方を尋ねるのか。「生命」という名の絶対無限を持つ人間の創造性が勝っている事は自明なのにだ。煩悩に負ける理性でなく、生きてゆく人間の持つ生命の絶対無限性に限りない前進の原動力があるのにだ。生命を無視して肉体の存続を望む理知を限界とする現状の哲学に明日は無い。生物が持っている肉体だけを「全て」とみるのは明白な誤りだ。

地球気象大変動の弥生期

鉄刀が海峡を徒歩で侵入。

その間日本はどうだった？
日本、三段締め。最初の試練。

縄文と弥生土器の急変ぶりは何を意味するか。浅かった対馬海峡・朝鮮海峡が 300 年続いた局地大干ばつにより歩いて渡れた。船で渡る千倍の古代朝鮮族が鉄器（刀）を持って南下。抵抗する縄文人は、ことごとく殺され、残った女達が古代朝鮮族の子供を産まされた。タガログ語が現地語とスペイン語で出来たように、日本語はウラルアルタイ語系になる。古代朝鮮語の語順と縄文語混合、南からの流入もあり、ヤマト言葉誕生。縄文時代から何でも受け入れる習性は、弥生期に強化された。血が混ざり現在の日本人が出来た。縄文人は、沖縄と北海道に追いやられた。現在、共通する遺伝子配列から、それが判明している。

300年で
ひっくり返った。

半島からの渡来人に陵辱された列島。

古墳だらけになった300年。

獲加多支鹵大王寺在斯鬼宮時

稲葉の白ウサギ説話は、何を意味するか。朝鮮半島と日本列島が再び海で隔てられようとした時期の話だ。縄文時代、既に彼らは、鉄器を持っていた。石器対鉄器（刀）ではひとたまりもない。古事記・日本書紀に書かれている東征、渡来人の、列島に原住していた日本列島全域侵略と混交の物語だ。とはいえ300年。それまでに無かった権力の象徴、数千に及ぶ古墳が列島を覆った。古代朝鮮族との混血の結果、郷に入って郷に従わざるを得ない日本列島の厳しい自然で、従来の天にひざまずく死生観と高温多湿に対応する清潔の民、縄文人との同化が進行した。しかし､縄文文化1万年は、外来の弥生文化でも独自性を失わなかった。

出典 **古代文明と気候大変動**
人類の運命を変えた二万年史 より
フライアン・フェイガン著

気象考古学からみた世界の局地的な気象異変　出典：「古代文明と気候大変動」から彩色

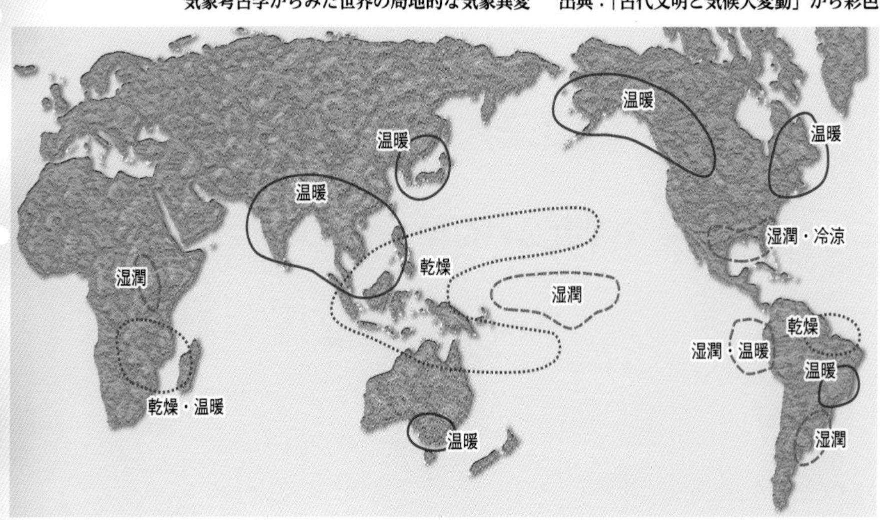

枠内の領域に過去、長期的（100 年単位）の大旱魃・大洪水記録

「古事記、日本書紀」は渡来人の作った歴史。

もともと住んでいた縄文人は、日本列島の厳しい自然災害を除けば豊かな暮らしをしていた。土器と石器の他、豊かな生活に支障のない縄文人に、突然現れた渡来人の鉄刀による侵略は、平和な縄文人の暮らしをことごとく覆した。紀元前後から三、四百年、日本列島の至るところで古代朝鮮族は、原住の縄文人を統治・征服した。彼等が列島各地の支配者になってゆく。古墳は支配と権力の象徴で、列島にくまなく大小の円墳・方墳・前方後円墳が築造されていった。支配民族として彼らの武勇伝は古事記・日本書紀に綿々と記されている。

弥生文化の「決め手」は鉄刀。

弥生式土器が縄文式土器に代わっただけが、二つの文化の特徴であるかに教科書は描く。他民族と争う必要の無い暮らしを１万年以上していた縄文人は、土器と石器で事足りていた。一方、大陸に繋がる朝鮮半島は、既に鉄器と青銅器が伝わっていた。地球大変動の中で起きた大陸と海峡の水深は当時１～３メートルと推測される。そこに300年続く大干ばつが訪れ、海峡は徒歩可能になった。縄文人にとって、鉄器（刀）を持って南下・北上して来る渡来人は抗いようの無い存在であった。彼らの思うまま、北九州・山陰から始まる縄文文化の蹂躙は、容赦なく列島全体に広がった。勿論、抗った縄文の男はひとたまりもなく殺され、それに同調した勇気ある女も惨殺を余儀なくされた事は古事記・日本書紀に生々しい。

日本が受けた外敵侵入の一度目が弥生期。

永々と暮らしてきた縄文人は、厳しい自然の試練と海山の幸、四海に囲まれた列島に豊かな暮らしがあった。そこへ、鉄器（刀）を携えた渡来人が大量に流入。縄文１万年で培った人々の特性は、古代朝鮮文化の壁に立ちはだかった。利得も名誉も飲み込んですべてを無にする大災害が、縄文文化の死生観である。混血は遺伝を優勢に振る。日本人の感覚が他と比して独特とすれば、弥生時代もそれを損することは無かった。日本人は何でも有りの民族と言われる。芸術・科学技術・スポーツ・その他に於いて日本人は多様性を持つと言われる。「郷に入っては郷に従え」という言葉が日本にある。その土地の自然条件にあった風俗・習慣は、その地方での暮らしに馴染む。その中で育まれた日本文明の基調、「平等」「利他」の世界性は、現在でも地球の各地に散らばる日本人が、その土地で評価を受け、それなり成功してるのが証左だ。

壬生町富士山古墳出土家形埴輪
古墳時代
栃木県壬生町歴史民俗資料館蔵

渡来人の自己顕示
古墳造りへの疑問

これで皆幸せになれるか。

仏教伝来は、我が国にどの様な影響を及ぼしたか。聖徳太子が何故、仏教の凄さに気づいたか、それが17条憲法第1条と第2条にある。我が国は既に権力者による横暴や、へつらう取り巻きが政治を行い、忖度（そんたく）や賂（まいない）が横行していた。これは、日本壊滅の原因であると聖徳太子は第6条で言う。自分が賢いとは限らない。他人が愚かとも限らない。共に煩悩を持つ凡夫である事をどんな時も忘れてはならないと、第10条で言う。聖徳太子は、それまでの古墳時代、モノ・金・権力で右往左往する者共に心底、嫌悪を感じていた。国家繁栄の礎は、広く民の力が豊かで平等でなければならない。権力に胡座をかく者達を無くさねば、これは出来ないと彼は悟った。

１７条憲法第１条

仏教日本化
「世間虚仮」「唯仏是真」

私物化忖度は国民を腐らせる
第６条

いつも自分が正しいとは限らない。いつも自分が賢いとは限らない。愚かに見えるものが賢い時があり、いい加減に見えるものが実は正しい場合がある。

（平等意識に貫かれている第10条）

国家暴力の典型である軍隊は、殺人を伴う内外に向けた凶器だ。これで物事の解決をするのは真の問題を有耶無耶にしてしまう。伝来した仏教真理の深遠さに気づいた聖徳太子は、仏教日本化の必然を確信した。17 条憲法は、その具体策だ。自分と他人の平等性を大きく問題にしている。日本文明は 1500 年前、仏教の国教化によって開明性・世界性を増した。

和を以て貴しとなす

最古、聖徳太子ゆかりの飛鳥寺、銅製 釈迦如来坐像

太子は仏教の本質を見抜いた。

聖徳太子は、仏教の本質に行きつき国教化した。仏教理解の深さ故の決断と毅然さは、日本文明のビッグバンである。私達にとって、この世は肉体を借りた仮の世か。秀吉の辞世「露と落ち 露と消えにし我が身かな 浪速のことは夢のまた夢」と大阪城はじめ、聚楽第、伏見城など過去に無い城郭築造と朝鮮侵略と、国を盗りつくした秀吉最後の実感がこれだ。典型的覇者が持つ空しい感懐だ。聖徳太子が分かりやすい幾つかの言葉を残している。その中にあるのが「世間虚仮、唯仏是真」である。聖徳太子は、世の中の事は全て虚仮（こけ）泡沫（うたかた）と、人生の本質を見抜いた。その上で、唯仏是真（ただ仏のみぞ真「まこと」なり）、生死を超えた永遠のいのち（絶対無限)。「これが仏教の真髄思想

である」。「仏」とは人間の「生命」である。鈴木大拙の「日本的霊性」であり、Amitabha（インド古語で絶対無限）＝阿弥陀で人間の霊性・良心である。これが人間に無かったら、この世は煩悩だけで世界はサル化するのだ。

権力者中心の「政治」

いわゆる歴史は、支配者だけの変遷を主な歴史・政治としている。武力、戦争によって権力が入れ替わり、それに連なる事が「歴史」とされる。そうだろうか。聖徳太子は、仏教の持つ平等性・自由性・博愛（慈悲）性によって、人々が民主体で安心して暮らせる国造りこそ、真の政治であり、日本文明のあるべき姿だ。「政治」というものを人々の幸不幸をどうするかの真面目な視点こそ何より大切と考えた。

聖徳太子は考えた。

政治はエゴでは駄目、不公平を減らす。その為にこそ政治はある。為政者だけの都合で政治をしてはならない。政治の私物化で一般大衆に不幸が及ぶのは文字通りの悪政だ。上下の別なく「悪」には恥を知る公正さこそ大切だ。仏教伝来で聖徳太子が学んだ事、それは生けるものへの肯定的な優しい眼差しだ。17条憲法で、人皆、煩悩の凡夫として、ほとけごころ、ほとけの掟、それを見守る人、つまり仏・法・僧が大切である、と聖徳太子は考えた。時代は進化して現代では仏・法・僧の僧の部分は仏教の在家化が進み、仏教徒ならば誰でも仏（絶対無限）とそのシステムである法、つまり宇宙と生命の法則に従って生きよう、という原則が今の私達への提案だ。

聖徳太子が開山した
大阪四天王寺

聖徳太子生誕の地　橘寺、全景。奈良県高市明日香村橘（橘寺提供）

何故、世間「虚仮」なのか。

私達が信じられるのは、五感で確認可能な事、と多くの人は思っている。しかし、聖徳太子は、世間（この世）は虚仮（こけ）だと言う。うつろだと言う。自分の感覚や記憶に頼って暮らしている私達。今、感覚し記憶している事が、虚仮だと？この「肉体」が感ずる事全ては虚仮？美しい情景や楽器の音色に、理知では捉えられない感動が走る。生命の誕生、二度は死ねない「死」という絶対無限。これらも知識や理性でどうにもならない。それらを聖徳太子は「唯仏是真」と言った。理知で捉えられない神や仏の世界、霊性・良心・気の咎め、これら「生命」（絶対無限）の特性こそ、最も確実で完全な「真」と捉える。聖徳太子の世間虚仮・唯仏是真を説明するとこうなる。

「唯仏是真」とは何だ。

100年前、500年前生きた人々の記憶は、現代、全て消えて無い。そればかりか、つい20年前、仲の良かった親友との思い出も段々薄れ、我が身の死と共にそれも消えてゆく。「生きている」とは「死」という（絶対無限）の前で、夢のまた夢、「虚仮」（相対有限）なのだ。何か一つ、これこそ真実（まこと）と言えるもの、それはこの世に生まれ出ずる前、存命中、死後、絶対無限に貫通して、あると言われる「生命」。これこそが「是真」でホトケ（生命・霊性）と表現される。インド古語でAmitabha。中国語に音写して阿弥陀。これこそ「真」であると聖徳太子は言う。目に見えないから頼りにならない形の無いもの生命の存在を心に深く信憑する。

自分の命だけホトケか。

日本仏教では生きものの生命、そして草木国土悉皆成仏、全てに仏性があり、それにはホトケ（生命）が宿っている、と考える。道端の石ころにも川辺の草も、全てにホトケ（生命）が宿るという。「虚仮」といわれる肉体部分ではなく、生命の部分を「是真」と聖徳太子は言う。昭和初期の宮沢賢治や金子みすゞの詩は、世界的にみて珍しい。弱きもの、貧しきもの、命ある全てに向けられた生命の讃歌だ。世界的にみて日本文明だけが生み出した、生きとし生けるものに向けられた、限りない慈悲と平等の詩だ。仏教伝来後、それを国教とした聖徳太子は、「唯仏是真」の想いが1400年先の今も、私達日本人は心の何処かにこの想いを受け継いでいる。私達はこの世に生命（ホトケ・絶対無限）を授かった肉体が生きている。この生命こそ、真実の存在だと。思想的に未発達だった6世紀、何故、これ程深い事に聖徳太子は気づいたのだろう。

聖徳太子　開基
大阪四天王寺

仏教の利他これだ！

仏教を国教化した

仏(ぶつ)とは、ホトケさんの事。ホトケさんとは私達が各自一つずつ持っている生命(いのち・絶対無限)の事。この深いあるがままに気づく。(生命は、科学で存在の証明がまだ出来ない為、ないがしろにされている)。法とは、あの世この世を含めた生死を一つと考える生命のシステム・宇宙の大原則を認める。大自然の一部である自覚を持つ。肉体（相対有限）と生命（絶対無限）を同じように持っているのが生物で、ホトケとは生命（いのち）、霊性・利他。肉体（からだ）とは煩悩・欲望・自利。この二極を統合し霊性に大切な判断を委ねれば、個人・集団共に上手くいくと、聖徳太子は思い至った。煩悩・理知までの片肺の資本主義文明が抱えている戦争、貧困格差超拡大、気象悪化の原因は自利、がこれで分かる。

１７条憲法第2条

肉体（理知を含む）煩悩の自利から生命の利他へ。

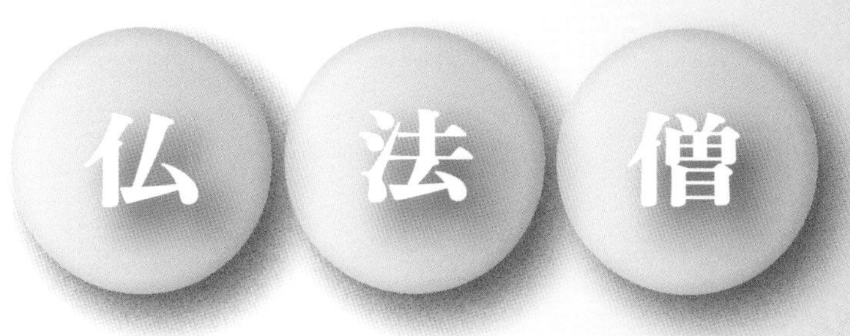

ブッポウソウは鳥の声を想像するが仏・法・僧の「仏」とは、その中心で、人間の生命、生けるもののいのち（絶対無限）。霊性・良心を持ち、陽気ハツラツ・歓喜そのもの。「法」とは法律では無く、大宇宙のシステム。何をしても抗えないもの。人智の及ばない精緻な仕組。「僧」とは上記二つに深く従って生きようとして切磋琢磨する人々。この三つの独立したコアを原則として問題解決を図ると、自他共に和やかで発展的な解決が出来る。霊性（良心）利他の働きが共存しているからだ。

理性という、欲望に負けてしまうものに頼るより、遥かに合理的で頼りになる、と聖徳太子は考えた。

聖徳太子の飛鳥時代、柱は全て大規模な掘立柱建物。飛鳥宮跡

1万円札が聖徳太子。

1958年と言えば昭和33年。1986年は昭和61年。日本の初代1万円札が発行・流通していた期間だ。四半世紀を超えて聖徳太子の1万円札は日本人が親しんで来た。日本は戦後民主主義がまだ健在だった頃と、この1万円札が流通していた期間は、何故か符合している。もっともそれまで日本にあったのは1000円札のみだった。聖徳太子の憲法第1条は、「和を以て貴しとなす」平等思想の絶対的文言である。上だからといって私物化してはならぬ。自分以外の他人は愚かだと考えてはいけない。「和」の思想には1400年前に制定したと思えない現代性がある。言い方は古いが中身は新しい。一国のエゴで他国領土を侵害したり横暴な振る舞いを当然と考える事。又、内に秘めた野心を隠して正当化す

る行為は、有限閉鎖空間である地球の「和」を台無しにする。「和」とは反自利の事だ。「和」こそ全てに優先して尊い、と聖徳太子は言う。

「和」は平等 不戦。

生物は、生死の狭間だけこの世に生息を許される。生けるものすべての「絶対平等」だ。どれほどの富者も、この平等は侵せない。この限りに於いて、人は有無を言えず、それぞれの生存期間しかこの世に生きられない。ところが、モノ・金・地位は、現在何故か特定の集団に遍在している。それを背後に持つ権力者が貧富格差超拡大を助長する政策を強行する。今世紀に入っても、カネの流通システムを支配する国際金融集団の意図で紛争が起き、難民問題は国境を越えて拡散している。有限閉鎖空間の地球に住む人類はそろそろ絶対平等を重視する日本文明の原点、聖徳太子思想の今日性を深く考えねばならない。

「和」は自利否定、利他推進。

貧困であるが故の売春。貧困の為の万引、置き引き、窃盗。犯罪は、通常貧困から始まる。又、国家間の領土問題、軍事力による不平等な国際的隷属関係。これらは今世紀中庸までに解決しなければ、来たるべきシンギュラリティに人間の脳を超えた知能がコントロール不能になる。貧富格差を政策的に解決し、軍事力による物理的強圧・暴力を認めない。社会から生存の危機レベルの貧困を人類を上げて無くさねばならない。人間の成り立ちを深く考えた原初的思想「生死あるがまま」生命の貫通性・円環性を基礎にした日本文明の原点、聖徳太子の平等思想は「和を以て貴しとなす」である。

今は田畑になっている
聖徳太子生誕地

中国の帝王学「貞観(じょうがん)政要」

「皇帝は仏、官僚・軍人は菩薩」仏教思想で栄えた唐代

世界的に見て地球上最も栄えた唐の文明、首都は北西部の長安（現在の西安）だった。隋・唐代政権は北からの遊牧民だ。その後も元・清など北からの政権が農耕民の漢族と政権を武力で入れ替わる。長い歴史の殆ど、一般中国人民はその度に塗炭の苦しみの中で歴史は転変した。結果､中国文明は､思想的に漢族の儒教、土着の道教、３世紀以降は北方政権が取り入れた仏教、と三つの思想を中心に混沌と交ざり諸子百家を生んだ。貞観政要（じょうがんせいよう）は名君、李世民（2代皇帝）とその部下の言行録で仏教思想に裏うちされ時空を超えた永遠の成功哲学として世界的に有名だ。貞観政要は武力でなく人間の本質にあるホトケゴコロを起点とする思想で構築されていて、中国で最も栄えた時代を支えた。

世界性のある「帝王学」

戦争は利己で平和は利他。

大成功の唐代、
中国文明の最上質部分。

「皇帝は、国をあげて人民（衆生）を救わねばならない」

日本からも遣唐使船に乗って空海や最澄が首都、長安（西安）に向かう為、危険を侵して海を渡った。特に空海は、土木・冶金・薬学等、多岐にわたる先進技術を中国から日本にもたらした。唐の治世２世紀前から中国は、国家が仏教を取り入れた。仏教思想は人民全てが豊かになって、はじめて国家は成立すると考えた。世界史は血なまぐさい戦争による権力奪取の連続が全てと描かれている。その影で膨大な人民が犠牲となる。文明は徹底破壊される。権力の母胎とは、その国で暮らす人民である。唐代は仏教が平和を求めて民衆に根付いた。そこで大文明としての様相を呈し安定した。帝王学、貞観政要の基本思想は仏教思想である。「皇帝は仏（如来）である。皇帝の官僚や軍人は人民を救う菩薩である。だから皇帝は、国をあげて人民を救わねばならない」貞観政要は、人間である皇帝が仏の心（ホトケゴコロ）で人民に接する事を前提としている。官僚や軍人は仏に成る手前の存在、菩薩として人民を救う。帝王学、貞観政要は全部が仏教思想で出来ている。「主体は、衆生、人民」となる。長い中国の歴史だが、その中で安定期は少ない。しかし、政権が仏教思想の影響を受けた時、安定し文明が発展する。清の時代も初期に名君が現れる。建前の儒教でなく人知を超えた本音、ホトケゴコロの思想チベット仏教が清朝政府の基礎にあった。

出典：「貞観政要」出口治明、31頁を基に彩色

「貞観の治」が始まるまでの大まかな流れ

２世紀半ば、寒冷化で中央ユーラシアの遊牧民が南下。天山山脈にぶつかり、東西に分かれる。

江南	華北		
東晋	五胡十六国	東へ向かった遊牧民が、五胡十六国をつくる。	
南朝	北魏	386年	五胡十六国の中で最後に生き残った拓跋部が、北魏をつくる。北魏と宋の二国が北と南に並立し、南北朝時代が始まる。
	北周		
隋		589年	北魏の分裂後、西魏・北周を経て、楊堅が中国全土を統一し隋をつくる。
		604年	煬帝が父と楊堅（女帝）を殺害し、即位。
唐		618年	煬帝が部下に殺される。李淵・李世民親子が隋を滅ぼし、唐をつくる。
		626年	李世民が兄・李建成を討つ（玄武門の変）。李世民（太宗）が即位。
		627年	「貞観」に改元。**ここから「貞観の治」(627〜649)が始まる。**

諸行無常。人類も生態系も地球気象の大変動によって大移動を余儀なくされてきた。未来も同じである。

聖徳太子が没後４年、唐の名君 李世民が即位する。

紀元１世紀頃、インドから中国へ仏教は伝わる。その為インド人、中央アジア人のリュウジュやクマラジュ、テンジン等が膨大な労苦と歳月を費やした。インド古語の経典は音写・意訳され、漢字の訳文が作られた。中国人にとって、インド的仏教生活は余りにも深淵、哲学的で実際主義、実証性が元来重視される中国人にとって難解そのものだった。しかし、仏教の抽象概念は理論的構築に中国人が抵抗の術が無い程、縦横無尽に構築されていた。これに気づき感動した中国人仏教思想家達は驚愕、感動し、中国仏教は始まった。従来の中国に無かった絶対概念の思想が彼らを痛く刺激した。あの世・この世。自分の生死を貫く永遠なるものホトケ（生命）の存在に圧倒された。

絶対概念の稠密(ちみつ)な構造を持つ仏教思想

さすが数学の国、インドである。「無限大∞」の概念を既に認識していた。夭折した近代の天才インド人数学者ラマヌジャンは、一つでさえ容易に証明出来ない４０００もの定理や数式をノート数冊にぎっしり纏めていた。３００年来証明されなかった有名な「フェルマーの最終定理」の証明（英国人数学者アンドリュー・ワイルズが証明した）でもラマヌジャン予想は大きく貢献している（日本人数学者　谷山・志村予想も証明の基礎だ）。
インド発祥の仏教は、絶対無限思想によって成立しており、後に日本で法然・親鸞・道元・一遍らの努力で劇的に進化を遂げる。

中国とインドの仏教がどの様に融合したか。

インドからの仏教は一方で浄土系の念仏となり、他方では禅宗となって中国と仏教は融合した。勿論、天台・真言・三輪・華厳や唯識で偉い人が中国民族から出てきた事は、同じ東洋人の誇りだ。しかし、それは中国人心理を基盤として出来上がったのではなく、インドの絶対概念を中国の大地に作り直した、と言って良い。何故なら天才的な開祖以後、一層の発展はしなかった。そうなる為には、中国民族の絶対意識がより深く掘り下げられて、そこから出てくるものでなければならない。念仏や禅が中国に芽生えて、次第に大をなした史実からそう証明出来る。（鈴木大拙 著「日本的霊性」７１，７２頁より要訳）

１３００年の時空を超えて、帝王学の最高峰「貞観政要」は今も世界で重用されている。しかし、その思想的な源流が伝えられていない。仏教の持つ本質性・絶対無限性を持つ成功哲学よりも、皮相的な成功術として伝わった。

中国 清朝
夏宮のある町の寺院

菩薩として人民を救う

中国　承徳市　清朝、夏宮から見えるチベット仏教のミニポタラ宮

「帝王学」とはなんだ。

「貞観政要」が時空を超えて読みつがれる真の理由は何か。真の帝王学とは究極「永遠に支持を得られる王になるにはどうしたら良いか」の成功哲学だ。間違っても好き勝手が出来る独裁による全体主義を永遠に続けよう、人民を顧みない権力と利権の集団に成ろう、などという考え方の反対に向かおうとする唐の大宗、李世民の強い想いがあっての帝王学だ。その基礎は「国を上げて人民を救わなければならない」と言う仏教思想だ。北魏・梁・北周・隋・唐と繋がる王朝に共通の背景はこの仏教思想による統治だ。釈迦仏教の思想は、人間の慈悲(博愛性)・自由（独自性)・平等（庶民性）である。今日の理想の政治として全く通用する熱い想いの帝王学であればこそ「貞観政要」に現代性があるのだ。

「貞観政要」を形骸化してはならない。

確かに「貞観政要」の言説は、構成が立体的で意表をつく。論理構成だけ見ても面白いし興味深い。故につい李世民の仏教への熱き想いを見逃してしまう。大宗、李世民の取り巻き、房玄齢（ぼうげんれい）・杜如晦（とじょかい）・魏徴（ぎちょう）・王珪（おうけい）らの政務遂行ブレーンに目を奪われる。だが大宗、李世民の政治の基本は、人としての慎みであり王と庶民が「人間としては対等だ」という仏教の「平等思想」だ。この思想こそ「貞観政要」の成功理念だ。それなくして彼の「貞観政要」を学べば、帝王学の形骸だけ弄（もてあそ）ぶ事になる。

自分の中の二面性をどう統治するか。

人間は煩悩（欲望）の塊だ。ともすれば損得優先・権勢欲・物欲・金銭欲・食欲・色欲ばかりで生きる。反面、世の為人の為に己（おのれ）を虚しくして、私心の無い生き方をしたいとも思う。人間誰もがこの背反する二極を持つ。人間である以上、王も庶民も同じだ。帝王学が強く戒めるのは、自分を特別なエリートだと勘違いした途端、「裸の王様」になってしまう事だ。自分は清廉潔白、汚れの無い人間だと思い違いしてしまう。自分は全くの善人だと勘違いする。これらは全て煩悩のいたずらで間違った自分認識だと、「貞観政要」は戒める。確か、部分的に正しい一面があっても、目的の為の駆け引きに、自分の立場を正当化する為、建前でそんな自分を人に見せかける事がセコいのだと、この「帝王学」は詰めてくる。これは仏教の基本で、自分の煩悩に溺れず仏心で最終判断をする為だ。唐の大宗、李世民の背後に仏の存在を絶対無限とする仏教に深く帰命する僧伽（仏僧チーム）の存在を伺う。

仏教のお荘厳は
中国伝来

中国 清朝、夏宮のある承徳市の寺院

政権は常に劣化する。
それに気づく聖徳太子と李世民

阿呆が政治をすると、誰が迷惑するか。為政者の下に暮らす全国民だ。そこで「為政者（人間）とは本来、煩悩の生き物である」という深い自覚が「帝王学」の基礎・基本になる。能天気に権力を長期に持つと政権及び権力者は必ず劣化を起こす。つまり、政治や国民を私物化する。
明君と暗君の明白な分水嶺は、この慎みを知る王になるか、お追従と忖度で傲慢不遜となるかだ。為政者が建前と本音を使い分けて政治を行うのが日常化し一般国民がそれに迎合・盲従する。これは「愚民国家」そのものだ。
「帝王学」貞観政要は誰か一人が思い上がって国民を統治する事をこう戒める。

政治は為政者一人のもの？

お釈迦様の仏教に基づく究極の「帝王学思想」とは、為政者と国民が対等になる思想である。誰が支配者になってもやっていける社会を創るのが真の「帝王学」の意味である。特定のエリートが支配してはいけない、と悟るのが真の「帝王学」だ。故に「帝王学」は支配者から庶民まで誰彼の別無く学ばなければならない学問である。これが「帝王学」を一般庶民も学ばねばならない眞の理由だ。

人間は誤りを犯す、対策としての「帝王学」。

日本で聖徳太子没後１０年に即位した唐の大宗、李世民は聖徳太子と同じく仏教に深く帰依した。二人共、後世に残したものはそれぞれ違うが、ほぼ同時代に仏教の本質に深く触れて到達した共通点がある。太子の１７条憲法は仏教の真髄を「世間虚仮・唯仏是真」と直截的に表現した。人間は賢い様で愚か、自分は常に正しいと限らない、他人が正しい場合がある。その事を深く自分に言い聞かせよう、と言った「和をもって貴しとなす」（１７条憲法第１条）。誤りを気づかせてくれる保証として「深く三宝（仏・法・僧）を敬え」（１７条憲法第２条）、という。第１条は揉め事はいけない、決して争うな、和（やわ）らぎが最も尊い、そして尚、問題解決が出来ない時は絶対無限な「仏」とその原則「仏法」（宇宙生命の法則）に従う。それを保証する僧伽（そうぎゃ）（チーム）に頼ろう、と言う。唐の李世民、「貞観政要」、日本の聖徳太子、「１７条憲法」。二人は国に違いはあっても支配者が問題解決にあたってどうするかは、全く共通している。それは人間の「生死」を二分する肉体・煩悩（相対有限）と生命・霊性（絶対無限）の二極統合に対する深い認識と、その信憑が二人をしっかりと支えていた。

中国 清朝、夏宮部分

仏教進化の歴史的必然

目に見えて確認できるものだけを信じる、と言う思想がどれほど野蛮か。人類は大地が球体である事を知り地動説に認識を変換。その後、幾つの認識を変えたのか。なのに人間は最も身近な自分の「生」が、自分の「死」と隣り合わせて存在している認識を哲学的に放置のままだ。資本主義文明は生命とは何か、死とは何かの考察や定説も定まらずただ理性を限界としている。死後は「無」だ、とする明白な誤りを何故現代の哲学は否定しないか。生物生存、と言う相対有限の裏に「死」と言う「絶対無限」が潜む事を哲学的に捉えていない。「生の必然」死の認識が無いという誤りを既存哲学は解決出来ない。宗教はそれを問題にしている、が科学はその死を敵視または無きものにしようとさえする。愚かを超えている。寿命が伸びても遅かれ早かれ死は必ず来る。それを「絶対無限」と言う。絶対無限は断じて存在する。この世の全ては相対有限である。唯「死」あの世と言う絶対無限は今の科学でどうにもならない。だから無いと言うのか。数学的に絶対無限の概念はあるが、それと人間の死は無関係な儘だ。現実、相対有限と絶対無限の二極で全存在が構成されていると言うのがあるがままの、地動説的な哲学思想なのだ。

第２部
日本伝統仏教の進化

空海・最澄による超多神教化

明治維新、神仏分離令は日本人想定外の強制令。

神仏習合は唯の多神教と違う。古神道は、1万年以上この国に根付いていた素朴で独自な自然崇拝の思想に、弥生期、渡来人による権威づけの為のフィクションが合体され出来上がった、出自が恣意的な宗教だった。一方、仏教は生老病死、死生観、肉体の煩悩、霊性、社会観、宇宙観等、大自然と生命の本質を考察していた。インドから中国を経て思考的に海千山千、且つ進化・発展を前提とする弁証法的宗教だ。いわば、異質。混ざりあえない次元を持った両者だ。この二つを一つにした事は、今後どのような宗教とも折り合いが容易になる事をこの時点で予め解決した、日本伝統仏教の深さ寛容さを保証する融通性は、多神教の神仏習合でこそ、より壮大となったのだ。

安定した国教、日本仏教。

神道と仏教を統合
日本仏教、無限の
進化・発展能力

縄文以来の
アニミズムに
渡来人の
征服者神話を
上塗りしても受容

列島特有の
厳しい災害
想像を絶する
自然に畏怖畏敬
の心

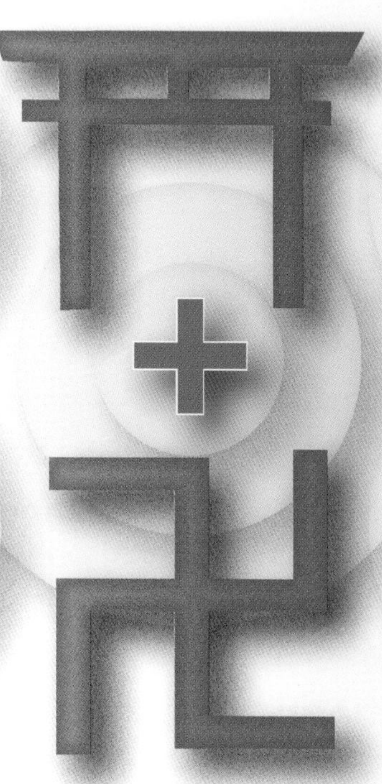

生死を貫き
あるがままの
イノチを
捉える
仏教

欲望で動く
煩悩に
理性は歯が
立たないのを
知る仏教

仏教は日本に来なければ、もう少し違ったものになっていた。平安時代に本覚思想 本地垂迹説によって神道と仏教は、一つになり、世界最強となった。これからどの宗教も日本方式の習合で、より大きく多神教化し仲良くなる。つまり、この国で宗教戦争は起きない。神仏習合の重み1400年、日本文明の核だ。

源信僧都、地獄絵（閻魔様に舌抜かれる）

往生要集の地獄絵
日本文明そのもの。

千年以上前、世界最古の文学、紫式部の源氏物語で「横川の僧都」のモデルとされた源信僧都は、比叡山きっての学僧と言われた。彼の母がまた優れた人だ。源信の「往生要集」は、人を欺く事がどれ程悪いか、地獄絵で教えてくれた。千年の時を経て、今も日本人は正直で嘘をつかない暮らしをする。日本人一般の特徴だ。正直とは、正確・精密・緻密・迅速・清潔も含む。正直は安心して付き合える人間と生活環境の事だ。不実、嘘や欺き無視をすればどうなるか。評価は下がる。が、ここが深みのある日本仏教だ。実は人間には煩悩というものがあり、誰でも嘘をつく。その事を認め、呑み込んで、人間を見直し許す。この繰り返しが人間を癒し励まし、能力や独自性を高め、平等を認め慈悲深くする。日本伝統仏教の温容さだ。

盂蘭盆の入り日
寺に掛けられる地獄絵図

嘘つかない、騙さないのが日本文明。

保身の為シラをきり、嘘付くのが常套の為政者達、一人残らず地獄へ落ちる、覚悟しろ。死後、千年も地獄の苦しみを味わうがいい。と言いたいが、鎌倉時代以後の浄土仏教は、そんな悪人でも阿弥陀さんは地獄からすくい、お浄土に暮らせるという。なんとありがたい事だろう。但し、自分を含めて唾棄すべき悪人共にその自覚や懺悔の気持ちがあればの話だ。建前は別に本音では自分の悪を悔いる事だ。

法然①

幼名勢至丸

究極の問いへの旅

今の岡山県美作で法然の父時国は、押領使という朝廷からの身分の侍として暮らしていた。1141年、法然９歳、ある宵、屋敷が突然夜襲に遭い父は致命傷を負った。死のみぎわに勢至丸（法然の幼名）に伝えた。「私の仇をとれば、その子がお前を仇とする。」「報復は無用」とその場で言われ父は息を引き取る。終生忘れ得ぬ記憶であろう。

三年の歳月が経った。勢至丸の尋常でない聡明さに寺の住持は、彼をこのまま地方の寺に残してはならないと確信。優秀な者が国中から集まる比叡山への道を歩ませる決意をした。「小さな文殊菩薩を送ります」としたためた今で言う内申書を持たされ、勢至丸は比叡山へ送り出された。父亡き後、母とも別れ、浪速を経て叡山に至る彼は、どんな気持ちで入山したのだろう。

仏ってなんだ。

法然「浄土三部経」に遭遇。

世自在王仏を敬っていたある国王は、一念発起、仏道修行者となり、「法蔵」と名乗った。彼は五劫という長い時間をかけて修行した。その目的は、『衆生（全ての人々）を「仏」にする事が出来ないなら、私「法蔵」は阿弥陀仏にならない。』と誓願をたてた。有名な大無量寿経第十八願の余りに長い歳月をかけた修行だった。しかし仏教の時間は過去・現在・未来は即、今だ、ともいう。何という宇宙観だ。後世、栃平ふじという妙好人がこんな歌を詠んだ。「ほーぞーとわどこにしぎやうのばしょあるか　みんな私の　むねのうち　なむあみだぶつ　あみだぶつ」私達は皆、仏の性を持っていて、いずれは成仏出来る、という深く温かい意味を持っている。

勢至丸 仇討ちは
ならぬぞ。
戦争とは
国家の暴力行為だ。
日本文明はそれを
1400年前、既に
否定している。

港区 芝 増上寺、千躰子育て地蔵尊

浄土三部経の核心が凄い。

親鸞の浄土真宗の歌に「みほとけは　まなこをとじて　みなよべば　さやかにいます　わがまえに　みほとけは　ひとりなげきて　みなよべば　えみてぞいます　わがむねに」というのがある。仏が自分の前にさやかにいて、我が胸で笑みをうかべている、と。仏は二人いるのか？いや違う。同質の仏が自分の前と、胸に同時にいる、と言っている。これは一体なんだ？浄土三部経の阿弥陀経、観無量寿経、大無量寿経は、浄土宗、浄土真宗、時宗が共通して大事にしている。「絶対無限」な阿弥陀仏が、私達と宇宙は同じ生命で、阿弥陀仏だ、という結論だ。唯、念仏だけ唱えれば救われる、という浄土三宗の簡単な入り口とは大分違う。浄土仏教を彼等自身が易行道と言い、その他の仏教を難行道と

言うが、これは全く逆で、浄土仏教は余りに難しい。だがある一瞬何だそうか、と腑に落ちる。それは自分の「生命」が「仏」でその「仏」が、自分の「生命」である事に気づくと、一瞬にして納得がいく道理だ。永遠の時空を一瞬と捉え、永遠の命を自分の正体と捉える。「阿弥陀仏」が「生命」で「生命」が「阿弥陀仏」。これは光速より速く拡大する宇宙なのにキチンと宇宙に質量がある。宇宙がヒッグス粒子でヒッグス粒子が宇宙？ブラックマターが宇宙で、宇宙がブラックマター？頭がおかしくなってくる。極大が極小で極小が極大、そして時空は一瞬で無限。昨日も明日も実は今。本日只今五劫十劫。いつでもどこでもあなたが「法蔵」。これが浄土教の基本思想だ。難しいが的を得ている。

進化するサピエンス

仏法は本来、永遠の時間を一瞬。宇宙の大空間を芥子粒と捉える。この肉体や地球を自由に貫通するニュートリノが宇宙そのものと肯定する。自分の正体、「生命」と宇宙の「生命」は同一であるという。ブッディズムがサイエンスと統合する日が近い今世紀から、2、3世紀も経てば、小学生でも知っているこの道理が今の私達には、とてつもなく難しい。それは、肉体の限界、理性・知性で全てを捉えようとしてきたソクラテス、プラトン以来の天動説的西洋哲学の故だ。その先端、資本主義のお陰で地球環境まで悪化している。今、私達は思考の基準を改めねばならない。地動説的な仏教に習って直線思考から円環思考へ、自利思考から利他思考へ、肉体の煩悩（欲望）・理知思考から生命の霊性（良心）真善美追求思考へ、（俺が俺が）の自力思考から（自分を含む皆の為）の他力思考へ、損得優先思考から良心優先思考へ、資本主義思想から二極統合思想へ、にわかに理解し難いが、考え方を変えていかねばならない。

港区芝　東京タワー

法然②

法然なくば親鸞ない。

「選択本願念仏集」の法然へ。

法然は当時、天台宗・真言宗・法相宗・華厳宗・禅宗など、あまたある仏教界で「智慧第一」と呼ばれ勢至菩薩の化身とまで崇められた。閲覧の蔵経万巻に達すると言われた彼が「我はこれ烏帽子もきざる男なり十悪の法然房が、念仏して往生せんと言うなり」と言った。いきなり、に聞こえるこの慎み深い自覚・真実への追求・直覚がなければ浄土宗の開宗は無かった。後に彼は歴史的に有名な宗教論争「大原問答」を京都 大原三千院の塔頭 勝林院で後に天台座主になる顕真に呼ばれ行った。奈良・京都各宗の主だった学匠380余人が集まり、彼を迎えた。答えは問答の後、集まった各宗の僧達による三日三晩、響き渡る南無阿弥陀仏の大称名だった。

念仏申すに徹す。

末は天台宗座主と言われた大天才

法然曰く「念仏申さん者、十人あらんに、たとひ九人は臨終あしくて往生せずとも、我一人は決定して往生すべしと思うべし。」今の言葉になおすと、念仏を唱える人が十人いたとする、そのうち九人は上手く念仏し通せず死んだとしても、自分一人はしっかり「仏」（絶対無限・サムシンググレート）を信じて死になさい、という意味だ。

仏教とは肉体と生命の統合

伝統仏教で一番の課題は、この「肉体」と「生命」の関係をどう捉えるかだ。美味いもの食いたい性交したい肉体の欲求と、壮麗な景色、真実を唄う詩、他の為に払う自己犠牲を求める欲求、この水と油の「肉体と生命」の欲求をどう統合するのか。これが伝統仏教の永遠の課題だ。法然はこの人間の持っている真逆の二極欲求を解決する為に、人類史上大きな一歩を踏み出した。自分を愚痴の法然房と言い放ち、だからこそ「仏」（絶対無限）。生命の持つ絶対無限性が取りも直さず仏そのものだと悟った。

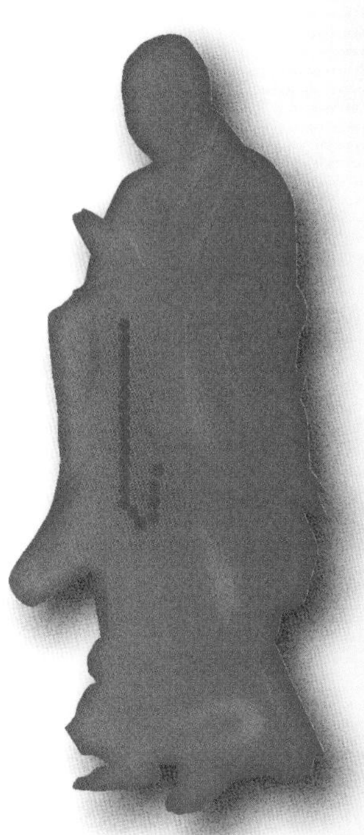

日月星辰を超えて行く阿弥陀

理性や知識で考えて分からない。

偉大なる何者か、とはサムシンググレート、別名、天のおとっつぁん、阿弥陀仏、釈迦如来、呼び名は代名詞で何でもよい。昔から日本で神仏。宇宙法則を司る何者か、その名を仏教の言葉で、Amitabha（インド古語で絶対無限の意）中国へ来て阿彌陀、という。この超絶な力を持つ「仏」に全てを任せる。アタマでいくらあがいても、世の中どうなるものでもない。なら、ままよ、全てを阿彌陀仏に託そう。お願いやおねだりではない。勝手なご利益願望、煩悩解決も願わない。偉大なる何者か、日月・星辰を遥かに超えた存在、「仏」（絶対無限）に助けられ、こうして生かされている。骨肉を賭けた弥陀への感謝一筋。それが「念仏」だ、と法然は言う。

仏教史上 有名な大原問答

慈悲・知恵・能力の絶対無限。

大原問答の最中、法然は「ただし源空（法然上人）ごときの頑愚のたぐひは、更にその器にあらざる故に、悟り難くまどいやすし」、と言い放った。今の言葉になおすと、「私のようなかたくなでおろかものは決して大器ではない。ともすればまどいやすくさとりにくい」と。仏教界の千軍万馬、重鎮学匠380余人の前で法然は、「人間の力は、ま、ドングリの背比べだ。その人間が大きな力を持てるとすれば、自分の力でない他力（仏・絶対無限）に全権を託して生きねばならない。」それを言外に言ったのだ。この娑婆に暮らす肉体の不完全さ（相対有限）を補って余りある力が、生命と宇宙の持つ仏力（絶対無限）だと言った。

自力の修行は無効か？
理知の念仏でなく、自分を無にしたつぶやきの念仏こそ。
難行・苦行で解決しない？
奈良東大寺を再建した重源である。
明恵である他力こそ？
法華経も他力へ導く方便とな？

京都　天台宗　大原三千院、往生極楽院から

法然思想の世界性

怒りや疑い憎しみは、報復を生む。個人や国家が報復の応酬をすれば、どうなるか。聖徳太子や法然が、その答えを明確にしている。自分だけが正しい、他人こそ間違えている、その確信は、紛争であり戦争への道で一方的手段となる、と1400年前から言っている。21世紀を迎えるサピエンスは、前世紀100年で2億人近い人類を戦争で犠牲にした。人間は思い上がると傲慢で冷酷になる。反省しない営みは、人間を上（うわ）ずらせる。人間至上主義は、利己である。厳しかった時代から、食べ物があまり、豊かな暮らしとなって戦後じき80年。思い上がると他を顧みない。日本だけでなく世界的傾向は、無明な拡張主義や権力の亡者が、また、戦争という殺戮と暴力に頼ろうとしている。

分別智ではなく無分別智

「本願の念仏には、ひとりだちをせさせて、すけをささぬなり。すけというは、智慧をもすけにさし、持戒をもすけにさし、道心をもすけにさし、慈悲をもすけにさすなり。善人は善人ながら念仏し、悪人は悪人ながら念仏して、ただうまれつきのままにて念仏する人を、念仏にすけささぬとはいう也。」(法然 勅修御伝より)。

スペインのサンティアゴ・デ・コンポステーラ 800 キロ巡礼の旅、日本、四国八十八ヶ所を巡るお遍路、人種・宗教は違え、彼等が無心に巡礼する道すがら、これが終われば悟りが開けると思って旅するだろうか。法然の言う通り、唯、マントラの様に、ナマンダブ、ナマンダブと呟くばかりで、善人は善人ながら、悪人は悪人のまま、唯、素直に黙々と私らも人生の旅をしている。それで良いのだ。ひたすら「絶対無限の存在」を信憑して生きるばかり、頭で分かって生きるのでなく、唯、煩悩だらけの自分は法然の様に「無知で愚か」を自覚して霊性（弥陀の本願）に頼って生きる。これが、なかなか出来ない。

「生きている」とは「肉体」が、「生命」と統合している限定期間。

草木国土悉皆成仏、私達が生きている世界は、100%相対有限の世界。死ねば成仏する。生きている期間は、美味いものやセックスや損得ばかりが、脳の 97% を占める。残りわずか 3% で霊性（絶対無限）の慈悲・智慧・能力が働く。この霊性の比率を少し上げるだけで、私達は楽々生きられるのに。それが出来ない為に唯々諾々と生きてしまう。

世界遺産
天台宗　平泉 中尊寺

悪の自覚

ティラノサウルスの10倍残忍な「人間」という自覚、あるか。

殆どの人は、サザエの壺焼き、ハマグリの吸い物の美味だけに興味がある。生前、海で穏やかに生きていた彼ら、そしてサンマ、エビ、カニ、を食べる事は日常だ。人間と同じ哺乳類で親子の情厚い牛や豚、彼等を週に何度も食べる。ティラノサウルスは自分で襲って自分の歯で嚙み殺して食べる。人間はその場に立ち会わず、他人に屠殺・解体・調理させた死体をウマイ美味しいと食べる。どちらが狡猾・冷酷か。まだある。男女は愉楽の末、不都合な妊娠で出来た子を堕ろす。殺人ではないか。そんな人間が自分を善人だと思う。自分の深い罪に一縷の自覚も反省もない。地上に於ける食の頂点、エゴで冷酷な殺戮者人間。恐るべき無自覚。オイコラ「人間」！という名の私。

法然を良き人、と敬い、出発。

親鸞は「平等」を750年前から謳っている。

親鸞の和讃と回向文と二度出てくる「平等」。その文脈から伝わる「平等」に賭ける並々ならぬ思い。それは在家の仏教者や仏教も知らない民衆への熱い想いだ。それは、誰もが平等に救われなければ仏教はうそだ、という深い確信だ。

平等施一切
往生安楽国

親鸞の生きた鎌倉時代初期は、戦乱で荒れた都や、地震・水害で、国が荒れていた。あえぐ民衆、少数の豊かな支配者。親鸞は思う、同じ人間なら平等に暮らしがなければならない。あぁ仏よ、この世に神仏は居ないのか。

法然・親鸞は、1207年、念仏停止（ちょうじ）の院宣により法然は四国へ。親鸞は新潟へ流罪となった。体験したのは、都の暮らしと打って変わった農作業の日々だった。難渋、窮乏と重労働の日々、これが親鸞を、より民衆化し、具体的な仏教思想の深化・発展を促した。

水戸市河和田町　唯円の道場跡（報佛寺提供）

親鸞の思想的深さ

歎異抄に以下の文がある。

「おのおの十余か国のさかいをこえて、身命をかえりみずして、たずねきたらしめ給う御こころざし、ひとえに往生極楽の道を問いきかんがためなり。然るに念仏よりほかに往生の道をも存知し、また法文等をも知りたるらんと、心にくく思し召しおわしましてはんべらんは、大きなる誤りなり。もし然らば南都北嶺にもゆゆしき学生たち多く座せられて候なれば、彼の人々にも逢い奉りて、往生の要よくよくきかるべきなり。親鸞におきては、ただ念仏して弥陀にたすけられ参らすべしと、よき人の仰せを蒙りて、信ずるほかに別の子細なきなり。念仏はまことに浄土にうまるるたねにてやはんべるらん、また地獄におつべき業にてやはん

べるらん。総じてもて存知せざるなり。たとい法然聖人にすかされ参らせて、念仏して地獄におちたりとも、更に後悔すべからず候。その故は、自余の行をはげみて仏になるべかりける身が、念仏を申して地獄にも墜ちて候わばこそ、すかされ奉りてという後悔も候わめ。いずれの行も及び難き身なれば、とても地獄は一定棲家ぞかし。弥陀の本願まことにおわしまさば、釈尊の説教虚言なるべからず。仏説まことにおわしまさば、善導の御釈虚言したもうべからず。善導の御釈まことならば、法然の仰せそらごとならんや。法然の仰せまことならば、親鸞が申す旨、またもてむなしかるべからず候歟。詮ずるところ、愚身の信心におきてはかくの如し。このうえは、念仏をとりて信じ奉らんともまた捨てんとも、面々の御はからいなりと。云々。」

凄まじい迫力と洗練されたものの言い方、理路整然さ、これが日本史上、700年以上前、綴られた「歎異抄」第二節だ。到着した弟子たちに、いきなり生き方の基本を完膚無きまで、しかも諄々と言葉短かに言う凄まじさ。透徹した思想的深さ。こみ上げる感動は十回読み返して尚十回、読んで、しばし茫然である。哲学者の梅原猛がこれ程の美文が何故、親鸞の弟子唯円が書けるのか、と感嘆していたが、まさに日本語の美しさの極みといえる。

彼等が遥々800キロを越えて来た理由は、どう生きるかと死後の疑問を「ひとえに往生極楽の道を問いきかんがため」と始まる文章を細かに解説するのは、日本文の味わいを侵害してしまうので読者に任せよう。落ち着いて読むと、少しずつだが何を言っているのかは分かる。しかし、その何、が難し過ぎる。現代的表現に直せば、絶対無限の存在（弥陀）がなければ相対有限の私達は一秒も生きられない事を「ただ念仏して弥陀に助けられ参らすべし」と言っている。この世の人間（相対有限）の存在は弥陀（絶対無限）という存在の中で暮らしているに過ぎない。この現代量子学、宇宙科学的な事実を親鸞は700年前、既に言っていた。

水戸市河和田町　報佛寺
本尊　阿弥陀如来
（報佛寺提供）

「如来と煩悩」を凝視する①

再び悪の自覚

悪人だという認識が全く無い。

嘘つかない、騙さない、自分の悪は小さく、相手の悪は大きく見える。自分の過ちに甘いが、他人の過ちには厳しい。そんなセコさが実は自分だ。偽らぬ「自分」だ。全てはこの認識の甘さゆえ何も見えない。親鸞の深さは、我が身の「悪」を締め付ける厳しさだ。悪を微塵も見逃さない。この真面目さが仏教者として、後世大きな貢献をする事になった。親鸞は愛欲の広海に沈没する救いのない我が煩悩（欲望）を見逃さなかった結果、地獄必定の自分を覚悟した。罪悪甚重の自分がいた。そんな奴は、地獄の他に行き所が無いと気づく。見方がのんべんだらりとしていない。そこから「親鸞一人が為」助けてくれる阿彌陀佛を実感。絶対無限信憑の有り難みに深く気づく。これが普通は出来ない。

悪人の自覚無い人が「善人」

煩悩を炙り出す

阿弥陀如来

くもの糸

お前ら登るな！

カンダタ

これが偽らぬ悪人の自分

仏教の日本的消化

「この界にわろき者は我一人（われいちにん）。地獄へ行くも我一人。浄土へまいるも我一人。一切皆一人一人と覚えにける」この厳しい自分というものの見方、自分に対する甘さや誤魔化しが微塵も無い。これが阿弥陀と自分の偽りの無い関係だ。これを骨身に染みて生きろ。ノウノウとするな。一度自分がこれを信憑したら、もう迷わず生きる。日本の仏教は、甘くないが甘い。インドの空想と思惟力、中国の平常道が融合して日本で煮詰まった。言い訳ばかりでウダウダ生きている事が、どれ程、仏の道に反するか。これが日本仏教の鋭さ深さだ。

悪人の自覚

京都 浄土宗総本山 知恩院、御影堂（知恩院提供）

釈迦が舎利弗に託した浄土三部経。

親鸞は法然と同じく自分の中の情けない煩悩に気づいた。「煩悩ばかり、自分のような人間は本当に仏道の修行をする器なのか」と苦しみの日々を修行の中で味わっていた。法然が数千巻の経読後、比叡山の黒谷で遂に出会ったのは浄土三部経だった。煩悩だらけの自分（実は全ての人間）は観無量寿経に書いてある通り「南無阿弥陀仏」と10回程唱え、「法蔵菩薩は、どんなすれっからし、悪人でも地獄から救えなければ自分は阿弥陀仏にならないと誓いをたて、阿弥陀仏になった」とする大無量寿経。この経典の意味を全身で受け止めた法然は、どんな気持ちだったろう。その法然の想いが染みた煩悩の子、親鸞の衝撃は、如何許りだったろう。

凡夫の自覚。

法然上人が 43 歳の時、釈迦立教の故を学究し、その核心に触れた。歓喜の余り、「私のような凡夫の為に相応しいみ教えを、阿弥陀佛が法蔵菩薩という修行時代の昔から、既に用意して下さっていたとは！」と思わず呻いた。その気づき、直覚は骨の髄まで沁みわたり、落涙千行、感動を止めることが出来なかった、と法然は述懐している。

自分を勘違いして生きるな。

今で言えば、東大法科主席卒の秀才も、クラスどんけつ中卒の兄貴も、間違ってならぬのは身分や教養を超え、自分は悪人、という「自覚」だ。煩悩だらけの自分に心底気づいて、死後、地獄の他、行けない。人間がしなければならない自覚、それは自分が悪人としての反省 後悔を、骨身に刻んで自覚する事だ。

悪人の悲しみを、自覚しているか？

話を 850 年前に戻そう。幸か不幸か親鸞は、僧の身でありながら戒律を破り、女犯を重ね、愛欲の広海に沈没した。この経験が、深い良心の咎めと慚愧の心に至り、自分の煩悩の深さに悪人を自覚するに至った。お陰で、法然の話がストンと腑に落ちた。「そうか、こんなワルの私でも阿弥陀仏が極楽浄土に必ず救って下さる誓いを立てておられた、その事を教えて下さった。この人に付いていこう。」親鸞は生涯、法然を「よきひと」。師と仰ぎ、その事が唯円房により、「歎異抄」2 条に書き残され現存している。

唯円房縁の報佛寺
（報佛寺提供）

「如来と煩悩」を凝視する②

煩悩（欲望）で「名利の大山」に迷う

カネは普通に暮らせるだけあれば良い。

人々にとって普通に暮らし、旅も出来る幕末迄が余程良い生活環境だった。慚愧と歓喜で生きる。日本文明の基礎にある仏教、知足の思想だ。幕末まで、日本人は幸福だった。巨万の富は無いが、豊かな自然の中で暮らし、旬を食べ、好きな仕事が出来た。持続可能な暮らし264年は幕末に訪れた欧米人に羨望の目で見られた。急転直下、明治元年英本国政府の秘密訓令（注）、廃仏毀釈令で、日本人は人間として仏性を否定された。明治15年軍人勅諭、同23年教育勅語と日英折衷、帝国への人民隷属化文書が政府から発布された。帝国主義日本は隣国植民地化、戦争へ日本人を向けた。1945年8月、敗戦で全てを失った後、GHQによる二度目の神殺しが断行された。宗教の全面否定と同時に科学以外は信じるな。という似非（えせ）思想を全国民に徹底し、日本国民は今もその渦中に置かれたままだ。

注：113頁 中央、公文書の文脈から維新直前、明治政権中枢に対し、数々の具体的指示があった事は、確実である。日本国内からの発想に見せかける為、不必要に平田篤胤を押し上げている事は後の研究で判明している。当時、存在していた仏教文化遺産約四割が暴徒により廃棄・焼失した。茨城県では一千ヵ寺が廃寺となり、島根県・長崎県・神奈川県でも同様の被害が判明している。その事実や記録は明治政府によって意図的に隠蔽・廃棄された。今後の調査・研究が待たれる。

資本主義の本質はエゴと強欲。

楽に暮らせる
地位やカネが欲しい。
だから勉強するの？

万事カネの世の中。安楽な暮らしや地位・カネの為に教育や入試がある。嫌なら下層階級を覚悟しろ、と言わんばかりだ。誰もが金目の仕事や企業に身をおきたい。そうなれば多くがこの方向で人生を決めようとする。仏教で言う「名利の大山」へ無理やりに迷い込まされる。日本人は精神的余裕が、既に無い。深い所から自分を見て、本当にやりたい事、自分の本領が何処にあるか考えない。結局日本人は、カネに魂を売った仏心（ほとけごころ）の無い国籍不明人にされている。米国の永世従属国民に作り変えられた。縄文以来、１万年以上の伝統を持つ日本人の心が虚ろに凋落した原因は、映えある日本文明の基盤哲学、絶対無限の慈悲と知恵と能力の仏教思想を徹底破壊された結果だ。

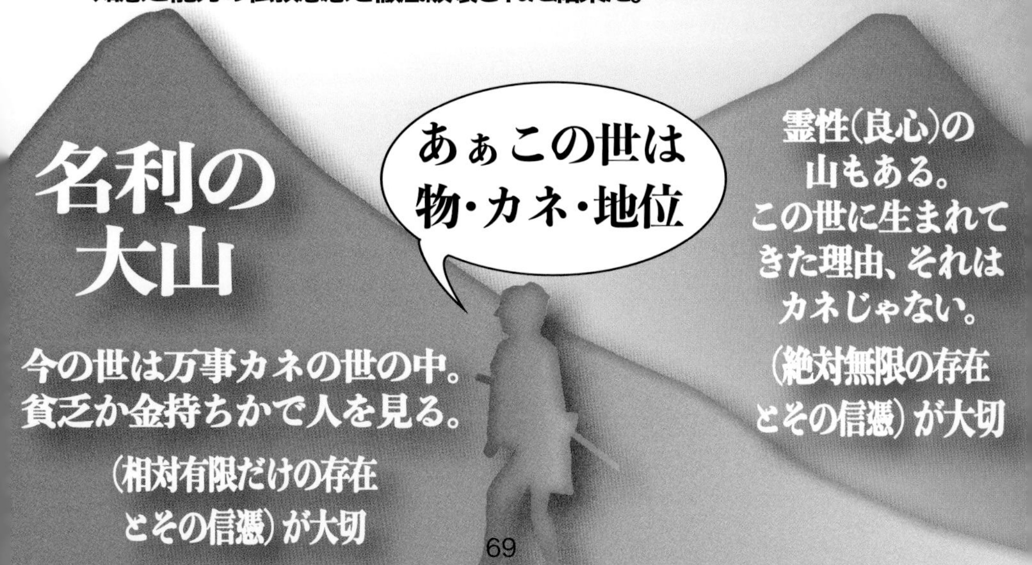

名利の大山
今の世は万事カネの世の中。
貧乏か金持ちかで人を見る。
（相対有限だけの存在とその信憑）が大切
あぁこの世は物・カネ・地位
霊性（良心）の山もある。
この世に生まれてきた理由、それはカネじゃない。
（絶対無限の存在とその信憑）が大切

名利の大山に迷い込む

国会議事堂

煩悩の魔性に取り憑かれる。

今私達は物事を考える時に、損か得かをまず考えてしまう。それは普段の暮らしに深く入り込んでいる。既に煩悩の魔性の虜になった暮らしだ。それを情けないと思わない。しかし、ふとそんな自分が嫌になり、損得を離れて自分の良心を思い出す。自分の気が咎める、という一瞬がある。どちらが自分なのか、分からない。この現象は煩悩・欲望（利己）と霊性・良心（利他）のセッションだ。人間誰しも損はしたくない。生き残りたい。しかし、損得で子供は育たない。夫婦の仲もやっていけない。友人関係も同じ。煩悩だけでは生きていけない。日本文明の基盤、伝統仏教思想は、自分の名誉や利益の為に生きる事を「名利の大山に迷惑する（金や地位の誘惑に迷い込む）」と戒める。

人間は二極を持っている。

850年昔、日本人親鸞は「煩悩（欲望）滅却など出来ない。死ぬまで燃え盛っている。煩悩はこの「肉体」の本性だもの、死を迎える一瞬まで消えない絶えない」と言った。親鸞は、煩悩を認める事で、真人間として出発できると気づいた。体から発する煩悩・欲望（利己）の正体が分かっても、見えない・知りたくない・無視したい、そんなの私と関係ない、と思いたい自分。それはうそ誤魔化しだ。勿論、霊性・良心（利他）だけでは生きられない。セコイ事もするが子育てもする。人間は、この二つの極で生きているが仏性の利他で生きねば明日はない。

大事な魂を 金と名誉に身売りする。

生まれついて金と社会的地位に恵まれた家庭に育ち、成人し政界に入る。親もほぼそんな人生だった。霊性（良心）のかけらもない人間。そんな人が議員になり政権トップになる。生来頭が良く、環境も手伝い東大に入る。公務員上級試験に合格し、末は次官か大臣か。老後は外郭団体渡り鳥で退職金３回。運良く内閣に気に入られ、トップの引きで又利権に繋がる。

こんな男に誰がした。

良心が無いわけじゃない。気咎めを殺して地位と金の為に忖度し、白を黒と言える。見れば周りの人は、皆そうしている。それで平然、でなければ自分は一人前じゃない。自分の立場や能力全てを煩悩・欲望（利己）の為に使う。「名利の大山に迷惑」しっぱなし、そんな人生の人も世の中にはいる。

国会議事堂 後方入り口
ランタン

「如来と煩悩」を凝視する③

肉食、妻帯は人間の現実。

(当時は魚食のみ)

煩悩の中で食欲・性欲は、必要悪だ。怒り・憎しみ・蔑み・妬みは？

生死を含め、あがままを認める。そこから一歩も逃げない。でなければ仏教はない。都合の悪い事は隠す・誤魔化すのは偽者のする事だ。日本文明の基盤、仏教は毅然としている。自分の中にあるカラダとイノチ、生死二極それぞれのココロ。つまり、煩悩・欲望（利己）と霊性・良心（利他）。併せ持って人間だ。あるがまま、どう生きたらいいのか、明らかにしているのが仏教。意気地のない理性を尽くせど、どうしようもない人間。生死を肯定した上で、イノチの霊性・良心（利他）仏心を働かせてこそ草木国土悉皆成仏の仏教だ。と親鸞は言う。極重悪人唯称仏、大悲無倦常照我。ゴクジュウアクニンユイショウブツ、ダイヒムケンジョウショウガ。は親鸞、正信偈の一節。私達は煩悩だらけの悪人です。そんな私を飽くこと無く助けようとしているAmitabha（インド古語で絶対無限の意）阿弥陀さんがいつも私の胸と私の前にいる、と親鸞は言う。

仏教を突き詰める親鸞

一極は霊性
もう一極は煩悩

生命の霊性・良心と、肉体の煩悩・欲望、のせめぎ合い

自分とは何か、自分とは何者か。人間とは国家とは仏教とは生態系、宇宙とは何か、全ては文明とは何かの答えに繋がる。全ての大本があるとすれば何か。人間社会を「自分」という単位から生涯かけて、光と闇から見出そうとする仏教者 親鸞。90年にわたる求道の足跡が親鸞の全て。大哲学者で良き師、法然が行き着いた境涯を一つたりと損せず、その先は、どうあるべきか忠実に誠実に考えるとどうなるか。仏教とは何か、に生涯をかけた結論は、絶対無限、弥陀の存在であった。如来の承認・信憑。具体的にどう理解し捉えて暮らしたら良いか。大慈・大悲の弥陀と、煩悩まみれ自分の身体の欲望とのまみえ方。ここから見えてくる絶対無限・如来の信憑。仏の世界、仏国土は五劫十劫の時と十万億土を超えた空間が我が胸に、我が前に、居るという仏。自分という人間の小ささ、無為さに叩きのめされながら、うごめく煩悩。自分はどうしたら良いのか。答えは自分からでなく、絶対無限な存在＝他力から助けられて少しずつ自分の本質、命が見えて来る。自力は無効だ。他力で生かされている。良く考えてみれば、実はほかに何もない。この重たい事実をしっかり背負って如来の手に掬いとられて死んで行く。それが出来れば立派なものだ。南無阿弥陀仏。

人間とは、そもそも、極重悪人なのに、
極重悪人唯称仏
唯、その自覚が無いだけだ

煩悩の自覚や肯定

「如来と煩悩」を凝視する③ 肉食、妻帯は人間の現実。

西暦 1252 年以来、日本の鎌倉に鎮座する阿弥陀如来坐像、露坐の大仏

煩悩滅却など出来ない。

「煩悩を滅却すれば火もまた涼し」という聖道門仏教（浄土教以外の仏教）の言葉がある。しかし、現実に煩悩（欲望）は自分が死ぬまで燃え盛っている。人間は煩悩の子、利己の子、この肉体の本質。生きている限りこの体から絶えない消えない。煩悩は、この世で生きていく上の必要悪でもある。だから普通は自分に煩悩があるという重大な事実を忘れ、無意識に生きてしまう。肉体の煩悩について、本当は深く自覚して行動や判断をしなくてはならない。煩悩（欲望）そのものには、ブレーキが無い。行き着くところまで行ってしまう。挙句の果て、いいじゃないの、今が良けりゃ、と無思考状態のまま生きる。その繰り返しで気づけば寿命が終わる。そのままなら地獄が待っているとは気づかない。

自分の中の煩悩を忘れるな。

煩悩という名の悪をすっかり忘れて、自分を善人と勘違いする。結果、他に不利益や害を加えても気づかぬ暮らし。権力の座につき、為政者になると、やってしまう権力者の過ちである。私達一人一人も自分の中の煩悩を忘れて、はばからなければ同じ事だ。親鸞は、煩悩が、人間の慎みを失わせ、他に平等ではない利己の虜になって生きる事の誤りを、見逃していない。他人の不幸を見て見ぬ振りし、挙句の果て「あいつら能力無いから当然。」と、逆に攻撃する。それを諌める親鸞の発想は、850 年経った今も重大な今日性がある。

煩悩の存在を無視してどうなる。

多くの仏教者は、親鸞ほど自分の中にある「煩悩」を、あるがまま認め、その情けなさを重大には考えてこなかった。煩悩など高潔で優れた人間にとって、重大な問題でない。煩悩などあっても自由に制御出来る。したがって、煩悩はとりたてて考える程のものではない。と、過去の仏教者は見過ごしてきたふしがある。親鸞以後も、多くの仏教者に、この問題を重視しない傾向は、存在した。親鸞が、何故、他のお祖師達とは違い、圧倒的多数の哲学者や一般思想家に重視されるか。その理由は、一に親鸞が煩悩に対する深く厳しい認識に基づいた仏教観に起因する。人間親鸞、その師、法然が凡夫凡夫と繰り返し、煩悩燃え盛る我々人間のあるがままを見逃さず、そうした人間をこそ救うと誓った、阿弥陀仏が、人間あるがままを認めた仏教思想の「二極性」そのものだ。煩悩と霊性を認識出来て人間はやっと慚愧、反省出来、そこから初めておのが霊性に目覚め、勇躍歓喜して明日への前進と安定が得られる。

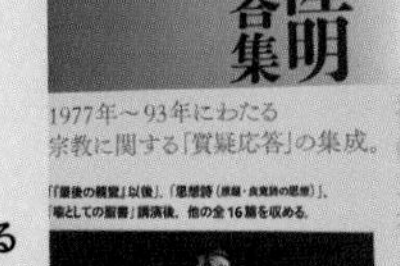

親鸞思想をテーマにしている
吉本隆明の宗教論

地獄絵図

あるがまま。

嘘ついたら閻魔様に舌を抜かれるのが本当だとしたら、死んだ人の全員舌が無い。我々人間は、大小様々の嘘をつき、他を蔑み、怒りは常に満ちている。何とも情けない現実が私達人間だ。ケチでスケベでずるい。軽薄で自惚れで嘘つきの自分をそのままで、他人を見下す。本当に鼻持ちならないのが私達、人間の姿である。この救われぬ思いや行いは、全て煩悩存在の故だ。こんな情けない人間こそ、救わずにはおかないと誓って下さった、そしてそんな情けない奴こそ阿弥陀仏の正客であると考えて下さった絶対無限（如来）が、この日本で850年、どれほど多くの人々に救いや安らぎをもたらしたか計り知れない。そのホトケの本質が霊性であり、良心であり、仏、利他の心だ。

慚愧ばかりじゃ。

確かに人間は、煩悩の塊で情けない事ばかりするのが人間だ。肉体で生きている以上、煩悩は無くならない。生きている人間は生命体の二極、「肉体」の極ともう一つ生命の極で成立している。自分の本質「生命」の極のお陰で私達人間という「生命体」は、煩悩がありながら、生命の極に歓喜・感謝して生きていける。それは、我が内なる生命体、存命中の「肉体と生命」二極のお陰だ。

慚愧と歓喜、二極で生きる。

自分の正体、「生命」、その特性は「霊性・良心」だ。これは絶対無限性を持ち死後の永遠性を保証している。仏教では輪廻転生とも往還回向とも言う。進化に向かっている繁栄・発展という生命の特性である。それだけではない。霊性には進化の為の必須な資質、利他性・肯定性・積極性・楽天性がある。この霊性・良心の本質を知り、歓喜・感謝して生きなければ人間、何の為に生きているのか、と言える。私達一人一人、肉体があり、それに生命が宿って生きていられる。つまり、煩悩に慚愧しつつ絶対無限の生命を体に宿している事に歓喜いっぱいで生きられる。この真実を知る者は、朝、目覚めて光と風や音を感じて思わず有難う、今日も生かされていた、かたじけない、嬉しい、楽しい、と、偉大なる何者か（サムシンググレート）阿弥陀に感謝の気持ちが湧く。その何者かの代名詞が「神仏」であり、天のおとっつぁん、その御名は、人によって違う。ある人は阿弥陀仏、お釈迦様、観音様、イエスキリスト、エホバ、ヤッヒャウエー、アッラー、そしてある人はおそっ様、不動様、お天道様、くそかきべら等「絶対無限の存在」の代名詞は何でも良い。

閻魔大王

仏教の民衆化、在家仏教へ

妙好人とは①

名誉もカネも関係ない。

今の島根県 温泉津（ゆのつ）町の人、昭和8年1月83歳で往生。仕事の合間にカンナ屑に書いた偈は、大分の数に上った。しかし、その為に仕事を怠る事は無かった。人一倍の働きをやったという。仕事そのものが法悦で念仏であった。才市は18、9歳から聞法して5、6年の後、一時聞法を捨てた。27、8歳から又、聞法捨てがたき思いが起き、石見の地方寺院や在家で法席の開かれる所に行って聞いた。安心の境地に達したのが50歳頃であったという。「超個己の人が個己の意識を突き破って「自分はここにいたぞ」と絶叫しなければならぬのである。この絶叫が霊性的直覚である、南無阿弥陀仏の自覚である。才市の詩は全てこの自覚がもとになっている」 鈴木大拙 著「日本的霊性」209・210頁要訳

浅原才市の世界

仏と自分の距離を詰めた。

阿弥陀どん、こんたア(あなた)
のう、このうら(おれ)を
えらアい助けたい
さうな、ありがたうござる。

わが罪を
功徳仏になさる大恩、
なむあみだぶつ。
才市

人間のカラダ（相対有限）の特性である煩悩は、無意識のうちに「鬼」を働く。曰く、欲望の為に生き物を殺し食べる。異性独占の為、嫉妬に狂う。或いは金銭、愛情の為、怒り・恨み・憎しみで心を満たす。人の目に触れねばセコイ事もする。人間とは罪・穢れに満ちた生物である。その罪さえも功徳と言って下さる仏さん、「申し訳ない」。

あみだ三に
あみだ三をもろて
なむあみだぶを
もさせてくださる。
才市

あみだ三にあみだ三もろて、とは阿弥陀さんという絶対無限から自分のイノチ（絶対無限）、つまり阿弥陀さんを貰った。その本人が南無弥陀仏と念仏を言わせてもらっている、という意味。才市は、それを上記の様に表現した。わかりずらいかもしれないが、これ程、直截的に阿弥陀仏と自分のイノチの関係を表現した詩は超絶だ。

仏教の民衆化、在家仏教へ

妙好人とは②

500年前、赤尾の道宗

確かに妙好人は、仏教の一宗、浄土真宗の篤信者だ。何故、真宗の在家からそういう人が輩出されたのか。これには意味がある。古くは赤尾の道宗、讃岐の庄松、因幡の源左など、一休さんの時代から江戸時代、昭和初期まで無数に存在した篤信者の群れである。勿論、寺の住職でもなければ何でもない。市井の人である。彼ら彼女達が心底ひざまずくべきものを持ち得た。それが絶対無限の存在、阿弥陀さんである。彼らは何一つ現世利益をホトケさんに期待しない。ご利益は阿弥陀さんに出会えた事一つで、カネも権威も得ていない。ホトケと自分を常に正対させて生きる、その純粋さ、一心さ、が凄まじい。カネ貰ってナンボの宗教者と違うのだ。いや失礼。寺院あってこその仏教だ。

身を
嗜（たしな）む

カネと名誉が欲しい。
こんな日本に誰がした。

仏法においては、うしろぐらき利養心あらば、浅ましく存じ候（そうら）いて手を引く思いをなしたちまちひるがえすべき事。

仏法は私だけ私らだけのエゴを恥と思え、と言っている。

当時、楢谷寺の和尚さんは道宗が草取りをしているところ、試しに後ろから蹴り飛ばした。すると道宗は、顔色も変えず起き上がって、又、草取りを始めた。和尚はもう一度やったが、変わりもなかった。和尚は訳なしに蹴られて怒らない君はどんな境地か、と聞いた。道宗は笑顔を崩さずに「前生の借金払いだ。まだまだあるかも知れない。」

後生の一大事、命のあらんかぎりはゆだん有るまじき事

蓮如さんを慕って富山の山奥、赤尾から京都まで年二、三回、片道十数日を費やして本山参り、富山井波別院まで 28 キロ、大雪でも嵐でも正信偈を上げ、聴聞を欠かさなかった。道宗の阿弥陀仏への帰依は余りに凄まじい。絶対無限の存在、ホトケを信ずるとはこの事、と思い知らされる。生死を超えてサムシンググレート、如来と共に生きた道宗。

妙好人 赤尾の道宗が毎月通っていた富山県 浄土真宗（大谷派）井波別院、本堂

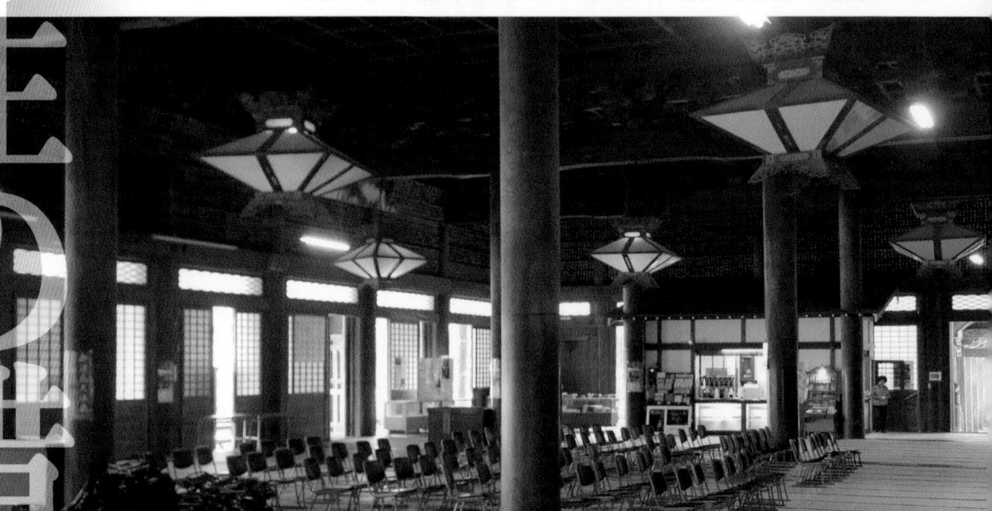

うしろ暗き利養心

つい、オカネだけを追いかけてしまう。引き換えに、何を取引するか。良心を売り渡す危険があるのだ。この頃、「医は算術」という言葉がある。本来の仁術が、算術になる。これは医術に限らずあらゆる業種がオカネ第一、仕事は第二となる原因の思考だ。「オカネさえあれば安楽な暮らしができる」という資本主義社会では最も一般的で、そうだなと思え、肯定してしまう考えなので仏法では、これを甘言だと見る。誰でもこの世界オカネさえ手に入れば何でも出来る様に思う。どこぞの東大出が「カネで買えないものなど無い」と言い切った人がいた。が、八、九分通りこの人の言う事をそうだなと思えるのが、この資本主義社会である。だが、あまり表立ってはっきり公言されては困るエスタブ

リッシュメントと言われる人たち、オカネで実際世界を回している特定の上部構造の人々にとって、そうあからさまに本当の事を言われては自分達の真の姿がバレてしまい、大変都合が悪い、よって、この正直過ぎた某という人は彼らの都合で理屈をつけ、懲役刑にされたのだ。この社会に暮らす人々の中、オカネの為に働いていない人は少数派だろう。大抵は、それ程、適職・天職とは思わないが、この仕事なら何とか生活が出来る、だから辞められないという人がとても多い。自分の姿を良く見てみよう。この職業この業種が社会から認められ、何不自由なく安定して暮らせるのであれば、それを子供に継がせたい、と思う気持ちを誰も咎められない。むしろ良い仕事じゃないか良かったね、と思う。「オカネさえあれば安楽な暮らしができる」この言葉はあらゆる安定して有利な収入が保証される職業、全ての人がこの言葉通り、現実に安楽に暮らしている。どこが悪いのだ、と逆に言われる。これが資本主義社会を構成している人々一般の現実である。二極統合思想の社会では、これは良いことではない、と考える。何故なら、ものすごい確率でこの世に生まれてきた理由がオカネの為にこの世に生まれたのではないからだ。オカネが先ではなく、自分の本領・個性・独自性にとって最適な仕事や職場か天職かどうかが、まず第一に問題になるべきで、もっぱら将来の経済的安定の為、職業を決めるのは自分の本領を無視した職業決定だからだ。若いうちに苦労しろというのは、自分は何がしたいのか、何に向いているのか、よく煮詰めて考えることこそ大切だからだ。安楽な暮らしの為、それだけの為では自分の適職かどうかがノーチェックだ。その職業に向いてない、適性が無い為、周りに迷惑をかけてしまうかもしれない。だから社会の人々に貢献出来ない。自分を見つめ直して、自分の本領何処にありや、を考えねばならない。二世・三世の地位や職業の人思い当たる節はないか。経済生活安定を求める余り、自分が見えなくなってしまう。それは後悔の一生だ。

清沢満之の
碧南 西方寺近くの漁港にて

現世利益ってあるか?

ご利益だけの
戦後宗教も伝統仏教も同じか。
全く違う。

題目を100万回唱えると不治の病が治るか。商売が繁盛するか?何十万、金を教団に寄進すれば願いが叶うか。やった事のある本人は良く承知しているはずだ。これでは仏さんと商取引しているのと変わらない。何遍唱えた、幾ら寄進した、その見返りとしてご利益を得る、という話しは始めからバレている。このような願い事は、絶対無限の存在、神仏に誠に失礼な話だ。生身の人間が神仏から受けるご利益があるとすれば、題目や金品の寄進とは無縁である。今、生かされている事こそ有り難い事だ。普段の暮らしの中、寝ても覚めても神仏の存在を感じ、認めて信憑し、今、生きている事へ無上の感謝が出来る自分が今ここにいる。有り難いと思える、これが現世利益そのものだ。

日本は多神教で安定、だが。

お賽銭百円玉で
商売繁盛するか？

米国大統領就任時の宣誓は、聖書に手を乗せて行われる、なのに属国日本では仏教を信じるなと教える。日本は仏教を国教として1400年続いた国なのにだ。学校教育に反して私達日本人は、地獄・極楽の存在を薄々感じている。科学以外は信じるな、の教育を受けても悪事を働いて地獄を覚悟する。日本人は遺伝子の何処かにひざまずくべき何者かが居る。私等は誰かに生かされている。この認識こそ、日本人の健康な遺伝子は傷ついていない証明だ。

例えば七福神、インド出身三神、中国出身三神、

八百萬の神々

日本の神は恵比寿さんたった一神　おおらかだなぁ

日本の学校教育は、抹香臭い事、宗教に関する事は科学と相容れないとされ、関わってはいけないと教育を受ける。これは、戦後 GHQ が文科省に対して命じた仏教禁止の政策が、76年以上経っても教育の基本の思想だ。この路線を今も文科省は変えていない。日本中の自治体が所有する公民館など施設も、右へならえで宗教に関係する催事に使用は禁止されている。外国勢力による明治維新の廃仏毀釈令、二度の神殺しの「立派な」成果だ。

中国の禅は即、日本化

栄西と道元。

59歳違う栄西と道元は、鎌倉時代初期、各々入宋した。臨済禅と曹洞禅の祖師だ。弟子、懐奘が師 道元の言行を正法眼蔵随聞記に残している。中で「たとい仏というは、我が本より知りたりつるようは、相好光明具足し、説法利生の徳ありし釈迦・弥陀等を仏と知りたりとも、知識（師）もし仏というは蝦蟇蚯蚓（蛙・ミミズ）ぞと言わば、蝦蟇蚯蚓をこれぞ仏と信じて、日ごろの知解を捨つべきなり。云々。」禅特有の表現だ。仏とは糞かきべらなり。などと無茶を言う。あり得ないと思うのは人間の常識だ。仏とはそんな知解にはまらない存在。仏の絶対無限性を知ればの話だ。禅では仏とはその本質とは、の問にあらゆる手を尽くして到達点に向かう。その方法や手段は、各人違う。行き着かず狂死する者もいるという。

日本文明は「禅」によって洗練された。

意表を突く発想が文明の幅を広げた。

頓智の一休は、面白い。乞食の僧衣で裕福な店の前を追い払われた後、上等な衣で同じ店を訪い歓待を受けた。その衣を早速脱いでこれにもてなせと店の主人に迫る。正月早々、杖の頭に頭蓋骨を括り付け、町々をご用心ご用心、と練り歩く。後小松天皇の落胤と言う一休宗純は、「狂雲集」で、７５歳過ぎて２０過ぎの、しん女との性生活を書き残している。一日の交合数や女陰の香を水仙の香に似たり、とも書き記している。一休のエピソードは、多くユニークで考えさせられる。

龍安寺は臨済宗の寺だ。外国人も多く訪れる。小説に出てくる「石庭」は、静かに眺めていると、時空を超え、幽玄を垣間見る。「仏」とは何かを庭から逆に問われている境地になり、日本仏教を強く印象付けられる。室町時代以降、各世代の日本人が縁先からの景色に何万、何十万人が座り、この風雅な空間から「仏」とは何かを問われた事だろう。禅味豊かな書画・作庭・食事等、仏教とは何か、を世界中に問いかけ、弓道のオイゲン・ヘリゲル等、仏教探求の外国人入門者は多い。

法然と家康

平和なら、民・百姓
国中豊かになれる。

野望達成の戦さ、敵への怒り憎しみ。報復の応酬。その虚しさを学んだ幼き法然。後々多くの武将が法然門下に入るのは、偶然ではない。戦さ（戦争）手段で問題解決する不毛・理不尽・野蛮。民・百姓国中の悲惨。戦さ（戦争）は、勝っても負けても大量無残の犠牲者を出す。弱い者ほど負担が重く、償いのつかない罪・悲しみだけが残る。弱い者、虐げられた者、その群れ。戦さ（戦争）を経験した者なら、その群れを見すぎて目にタコができる。戦国時代、賢い武将、家康が戦さ（戦争）の悲惨さを見ない筈がない。知らない筈がない。矢折れ玉尽きて、逃げ込んだ岡崎浄土宗 大樹寺で法然の仏教と、味わった戦さの現実の対比は、家康の心に何を生んだか。江戸幕府 264 年太平の世を決意するに至った若き家康の深い想いは法然の思想と固く繋がっている。

大樹寺の「名伯楽」

惨敗した家康は 憔悴して岡崎へ逃げ帰った。

岡崎 大樹寺の住職 登誉は、憔悴した敗残の若き家康に問う。「主はなんで戦さする？」幾日か後、家康「天下を獲りたい」登誉「獲ってどうする？」家康「今の世は地獄や。荒れ果てた国を、太平な世にしたい」登誉「方策はあるか？」家康「これといって…」登誉「乱世は誰も嫌じゃ」家康「天下を獲るにはどうしたらよかろう」登誉「しかと戦さの無い世が出来るか？」家康「え？」住職「誰もが嫌な戦さは主も同じか」家康「然り」登誉「ならば法然上人のお弟子になりなされ」登誉は、はじめて法然上人の話を家康にした。

天下平定
は欣求浄土
の為
なんで戦さ
する？

乱世、戦さの悲惨と地獄を見ぬ者はない。民百姓は太平の世を渇望していた。ここで、法然と家康の思いが遭遇した。登誉は幾日もかけ家康に話をした。我が為でない仏教思想は、それからの家康に決定的な影響を与えた。単に力だけの天下平定でない家康の思いは、民を味方に付けた。焦らない家康は信長や秀吉と違い、朝鮮派兵等せず、専ら国内平和の為に次々と政策を打ち出した。後々、江戸開府を果たした家康は、芝に浄土宗増上寺を建立した。

愛知県　岡崎　大樹寺、徳川家累代の位牌室にて

誰でも浄土に行けるか。

現代、私達が生きている世界は、地球という「有限閉鎖空間」である。戦国時代、家康は日本全体を「有限閉鎖空間」と見た。国内だけは、平和で平等、豊かな社会を創る。欣求浄土社会の実現だ。後は武士道で為政者が慎ましさを失わない吾唯足るを知る、貧富格差を起こさない平等社会を創る。江戸文化という日本文明だ。背景は、法然を祖師とする浄土仏教の教え、煩悩・欲望多きカラダに対して、仏の性を持ったイノチの霊性・良心、後者。仏の性を大事に生きる伝統仏教を基礎にした暮らしだ。南無阿弥陀仏、これを唱えれば誰でも浄土に行ける。息詰まる程の煩悩を抑えて、損得抜きで世の為人の為生きるのが人間じゃないか、の思想だ。

日本文明は平和で平等で豊か。

登誉からの教えが骨身にしみた家康は、以後、合戦の幟旗（のぼりばた）を厭離穢土・欣求浄土と改めた。当然、多くの民衆から支持を得た。戦さの大義が明快だからだ。この世の汚れを嫌い、清く平和な浄土社会を求める武将の元でなら、やってみようじゃないか、という姿勢が武士一人一人に生まれた。天知る、地知る、人も知る。誰にへつらう事なく、素晴らしい天下を創る為に加担する事には、道理がある。鳴くまで待とうホトトギス。家康300年の計に道理があった。 この幟旗の元で戦さをする事自体が人民戦争の様相だ。戦国時代の武将の中で、これ程無理なく多くの人を味方につける幟旗を立てた武将はいない。その背景が浄土思想だった。誰もが平等に幸せになる、そんな世の中を実現する為なら、誰でも骨身を惜しまない。後の明治政権とは余りに対照的だ。

不戦の和略。

人々を支配ではなく民百姓に服務する。行政も支配の為ではない。人々の安寧の為である。一般大衆に対して江戸幕府の果たした役割は、上薄下厚で貧富格差が少ない。幕府の江戸城本丸は開府50年で焼失。それ以後、江戸城に本丸は無かった。明暦の大火で復興させねばならぬのは、城下の人々の暮らしである。幕府の目線が何処に向いていたか、これは一目瞭然の史実である。現代の為政者に聞かせたい。廃仏毀釈令で仏教思想を失った明治政権以降、大日本帝国政府は戦争に次ぐ戦争、他国を領土化し、欧米の帝国主義を模した。結果、あり得ない犠牲と悲惨を日本国民にもたらした。戦後も他国の属国になり、反省しない。伝統仏教思想の秀逸性を失った結果だ。

岡崎　大樹寺
多宝塔

愛知県　岡崎　大樹寺、本堂の本尊　阿弥陀如来坐像

有限閉鎖空間の自覚。

刀狩りは秀吉だが、米国を見るとそれは今日性が有る。持っていると使ってしまう武器。そこから平和や安心は生れない。今日の世界が、日本が家康不戦の300年から学ぶ事は多い。どうすれば戦さ(戦争)をしないで暮らす事が出来るか。その為に発信地の日本文明は、何をどうすれば良いか。世界中の人が考える材料がこの江戸社会にある。江戸文明とは何なのか。朝鮮征伐を行った秀吉が今も韓国民の恨みをかっている。家康の幕府は264年の間に17回も朝鮮通信使を日本に迎えている。他国に軍隊を派遣するのでなく、自国に友好使節を招く。明白な平和外交だ。身分制度はあるが経済格差は小さい。「侍の子は腹が減ってもひもじゅうない」と歌舞伎の台詞が今も残る。

江戸三百年とはなんだった？

欣求浄土　遠離穢土の幟で始まった江戸社会は出発前から仏教思想があった。幕末人口 3400 万。神仏中心の暮らしが、永い平和により洗練されていた。地域の神社仏閣は寺子屋、月毎、年毎に巡る多岐な「講」や行事。目眩き日々。それが彼等の生活だ。津々浦々独自な山車、神輿渡御舟。子供や若衆はじめ土地の風習に則った祭りの準備、儀式の稽古。晴れがましいその日を迎える。彼等は神仏への畏怖と信仰に裏付けられ凛としていた。

三百年平和な社会、この国を外国人はどのように見たか。

「人間が本来どのように生きねばならないか、どう生きるべきか」その全ての原点が当時の江戸社会にあった。訪日してそのあるべき姿に出会った外国人が共通して書いた江戸時代の日本がどれほど彼等の故国に感銘を与えたか。何を彼等は見たのか。人間が持っている優しさ、美しさ、豊かさ、満足とくつろぎ、それが見ていてどれほど気持ち良いものか。彼等が文章にしているのはその喜びを我がものとして胸震わせ、その感動を故国に伝えようと、一人一人、言おうとしているのが彼等の共通項だ。江戸社会がどれほど、それをはじめて見る人々に感銘を与えたか。神も仏もない現代の日本人があらためてそれに接した時、彼等が何を言おうとしているかさえ、俄かに感じ取れない。その表現を端から疑ってかかり、粗を探してありえないと否定したくなる自分。今世紀四分の一を迎えようとする今。これで良いのか。いやもう少し、素直に彼等の言う事を続けて読んでみよう。それがこの後、点在して引用する渡辺京二「逝きし世の面影」に出会った筆者の感想である。

徳川家康の等身大の
大きな位牌

明治と真逆
平和、上質、江戸社会

太平の世を築いた徳川家康

264年間、日本に戦争が全く無い社会を実現させた。何をどうしたのか。大名に戦さを起こさせない施策、参勤交代、その上、大名の妻は人質に江戸住まいを義務化、武士は食わねど高楊枝、と言われる程、建前の士農工商の身分制度とは裏腹で現実には国家の最上部たる武士階級の消費を最小にした。民・百姓に豊かさを保証する技術開発を奨励し農地開発、緩い税制。大都市の清潔な糞尿処理、上水道設置。寺小屋制度を充実させ、人口3400万に満たない国家に、幕末1万6000を超える寺小屋。少欲知足で日々の暮らしにゆとりと楽しみを定着させた全国津々浦々の神社・仏閣の祭祀、年中行事。神仏を敬う伝統仏教の維持を保証する寺請制度、等々平和に暮らせるこの世の浄土を築いた。明治以後これは旧弊とされ、その功績は全面否定と共に全てはその逆になった。

江戸のインフラ

「平等」の意味は
平均から下を
引き上げる事。

これは、前出「逝きし世の面影」に描かれている幕末日本を訪れた欧米人達の日本評だ。国教、仏教を主体とした日本文明が、英米の帝国主義的文明に犯される直前迄、日本の人々の暮らしが描かれている。その後、この美しき日本は明治に入り徐々に変容して行く。現代の日本人にとって余りに目からウロコの日本評が、当時の欧米に報告されていた。

日本人には、貧乏と隣合わせの不潔がみられない。幕末に来日した外国人から見たら清潔好きで週に一度どころか、毎日風呂に入る事は驚きだった。教育の無い田舎の人ほど「真の意味の紳士」を私は見たことが無い。地上で天国、あるいは極楽に最も近づいている国だ。景色は妖精のように優美で、美術は絶妙であり、神の様に優しい性質は更に美しく、魅力的な態度、その礼儀正しさは謙譲ではあるが卑屈に堕する事なく、精巧であるが飾ることもない。強権にひしがれている様な不機嫌や怒りの表情は、一つも見当たらず、その秩序は自発的に見えた。貧乏人は存在するが貧困なるものは存在しない。（渡辺京二「逝きし世の面影」より）

逝きし世

有限閉鎖空間では「分け合う」

パリのギメ博物館の創設者、エミール・ギメ（1836～1918年）**は、訪日して三ヶ月、滞在の印象を意識して主観的で詩的な方法で書き残した。**日本の第一印象は「すべてが魅力にみちている」という言葉に示されるようによろこびに溢れたものだった。彼は古代ギリシャ人のような日本人の風貌や、井戸に集う「白い、そしてバラ色の美しい娘たち」や、ひと目で中を見通せる住居の、すべてが絵になるような、繊細で簡素なよい趣味や、輝くばかりの田園風景について、惜しみない讃嘆の声をあげる。（中略）最も目立つのは、何といっても音に関するそれであろう。サンパンの漕ぎ手たちが発する「調子のとれた叫び声」から始まって、重い荷車を曳くひと動きごとに車力が繰り返す、ソコダカ・ホイという歌に似た叫びや、漁師が櫓のひとかきごとに出す「鋭い断続的な叫び」や、ホテルの窓の下を通る、「幅の広い帯を締め、複雑な髪を結った」女たちの、笑い声や陽気で騒々しい会話や、宿屋で見送りの女中たちが叫ぶ「サイナラ」という裏声に至る様ざまな音に、ギメは何と心を奪われていることか。日本は何よりもまず、このような肉感的な物音のひしめく世界として、ギメの前に現われたのである。（逝きし世の面影　渡辺京二 著　第二章　陽気な人びと）より

<ruby>吾唯足知<rt>われただたるをしる</rt></ruby>の先進性。

人間の煩悩（欲望）は、
キリがない。

この図版は、京都龍安寺にある蹲（つくばい）の文字だ。家康の孫で天下の副将軍、水戸光圀が寄贈したもの。日本伝統仏教の基本的な考え方「足るを知る」の意味は「足るを知らざれば富めりといえど貧し、足るを知るは貧しといえども富めり」という釈迦の言葉。浄土宗の祖師法然の思想を基に天下を治めた家康の想いを光圀が形にした。支配階級のトップにしてこの生活規範だ。江戸300年、支配層であった武士階級を上部構造に身分制度のあった封建的な日本文明だが上下の別なく「勿体ない」をベースに今日までの暮らしを継続してきた。日本伝統仏教の基本思想が、どれ程日本人全体に徹底していたかだ。

物を大切にする。再利用可能な紙・布はリサイクルする。不要な物を持たず、過大な消費はしない。江戸264年、それが普通の生活様式だ。塵芥を最小限に留め、植木や盆栽の肥料となる。百万を超えた世界最大の庭園都市江戸は、近郊農家が糞尿を市中から買取、熟成・無毒化して肥料化、農作物の収量を拡大した。当時、日本人は牛豚鶏を食べない。江戸前の海の幸と米麦、蕎麦で暮らした。幕末・明治初期まで、来日外国人が驚嘆した清潔で美しい江戸社会であった。手工業直販の慎ましいが凄い水準（前掲書より）や陽気で穏やかな市民社会だ。

毎年５月、厚木小鮎川にかけられる鯉のぼり

幕末まで戦争・貧困は無い。

幕末日本を訪れた英国人オリファント（1829 ～ 88 年）の手記を紹介する。

「日本の印象を伝えようとするには、読者（故国の）心に極彩色の絵を示さなければ無理だと思われる。（中略）文明が高度にある証拠が実に予想外だったし、我々の訪問の情況がまったく新奇と興味に満ちていたので、彼ら（日本人）のひきおこした興奮と感激との前に我々はただ呆然としていた。この愉快きわまる国の思い出を曇らせるいやな連想は全くない。来る日来る日が、我々がその中にいた国民の、友好的で寛容な性格の鮮やかな証拠を与えてくれた。一日の汎ゆる瞬間が何かしら注目に値する新しい事実をもたらした。我々の観察力はたえず緊張していた。しかし、荷が重すぎる感じがした。時間が短すぎた。目に映るものと心に残るものとが、やりきれないほどの速さと変化を伴って、互いに群がり合った。」(39・40 頁)

一八五六（安政三）年八月日本に着任したばかりのハリスは、（中略）「柿崎は小さくて貧寒な漁村であるが、住民の身なりはさっぱりしていて、態度は丁寧である。世界のあらゆる国で貧乏にいつも付き物になっている不潔さというものが、少しも見られない。彼らの家屋は必要なだけの清潔さを保っている」。（同　渡辺京二　「逝きし世の面影」100 頁より抜粋）

明治初期までの民度

日本人が落着いた色の衣服を好む事実は、開国期から明治期にかけてすべての外国人観察者が共通に認めたことである。しかも、それを節倹や贅沢の禁止の結果だと考えたものは、彼らのうちに誰ひとりいない。彼らはオズボーンと同様、それを趣味の洗練とみなした。１８５３（嘉永６）年、プーチャーチン使節団の一員として長崎へ来航したゴンチャロフ（IvanAlexandrovitch Gontcharov 1812 〜 92）がその好例である。応接の役人たちの服装をみて、「その中にどぎつい鮮明な色がないこと」が彼の気に入った。「赤も黄も緑も原色のままのは一つもなくて、すべてがその二色、三色の混和色の和やかな軟い色調である。盛装の色調はヨーロッパ婦人のそれと同じである。私は老人が花模様緞子の袴をはいているのを５人ばかり見たが、これもくすんだ色であった」。このように述べて彼は様々な色を列挙し「一口にいうと最新の流行色が全部揃っていた」と締めくくる。彼は自分がまるで西欧にいるような気がした。問題は明らかである。オズボーンが黒とかダークブルーとか言い、（中略）オズボーンのいう地味な色の実態は、ヨーロッパ婦人の基準からしても最近の流行色と一致するような多彩でゆたかなものだったのである。（渡辺京二「逝きし世の面影」29・30 頁より）

現在の私達にとって、老いも若きも、日本人にとって渡辺京二の「逝きし世の面影」はもはや国民的必読文献だ。何故なら既に横文字行事が正月や節分、花祭りに代わり、暮らしている。日本の伝統的行事を軽視する風潮は、日本文明の危機だ。自分がナニ人かを思い出そう。

東京都町田市と
神奈川県相模原市の境川
町田側から古淵を眺める

跪(ひざまず)くべき者を奪う二度の神殺し。

最初の神殺しは廃仏毀釈令

特に戦後教育でマッカーサーが日本人12歳説表明の後、日本人は劣等民族である。発明したのは、人力車のみ、愚かな民族だ。だから米国が守ってやる。とする教育のもとに成長した日本人達が描く伝統仏教や江戸時代の全体像は真逆だ。2000年 日本語版発行のサミュエル・ハンチントンが「文明の衝突」で世界八大文明に日本文明が入っていた。日本人はそれを俄(にわか)に信ずる事すら出来なかった。それ程日本人は自国を評価しない習性が体質化した。日本文明が世界から見て、どんなものであったか。その後1945年8月以降のGHQによる二度目の神殺しで始まる米国の隷属化政策。日本文明抹殺と愚民化教育で日本は物質文明の外、ない国になった。

明治以降どうなるか彼等は知っていた。

明治維新から拝金化

美しき江戸の終焉

ヒュースケン（Henry Heusken1832～61）は 1857（安政四）年 12 月 7 日の日記に、次のよう記した。「いまや私がいとしさを覚えはじめている国よ。この進歩はほんとうにお前のための文明なのか。この国の人々の質樸な習俗とともに、その飾りけのなさを私は賛美する。この国土のゆたかさを見、いたるところに満ちている子供たちの愉しい笑声を聞き、そしてどこにも悲惨なものを見いだすことができなかった私は、おお、神よ、この幸福な情景がいまや終わりを迎えようとしており、西洋の人々が彼らの重大な悪徳をもちこもうとしているように思われてならない」。（中略）「私は心の中でどうか今一度ここに来て、この美しい国を見る幸運にめぐりあいたいものだとひそかに希った。しかし同時に私はまた、日本はこれまで実に幸福に恵まれていたが、今後はどれほど多くの災難に出遭うかと思えば、恐ろしさに耐えなかったゆえに、心も自然に暗くなった」。(渡辺京二「逝きし世の面影」14・15 頁より)

江戸に限らず日本各地の都市及び田園地帯、どこを見ても高い品性と洗練、豊かさと円満な国民性、それは維新の廃仏毀釈令に始まる神殺しで暗転、平和な日本文明の核、抹殺に突進した。

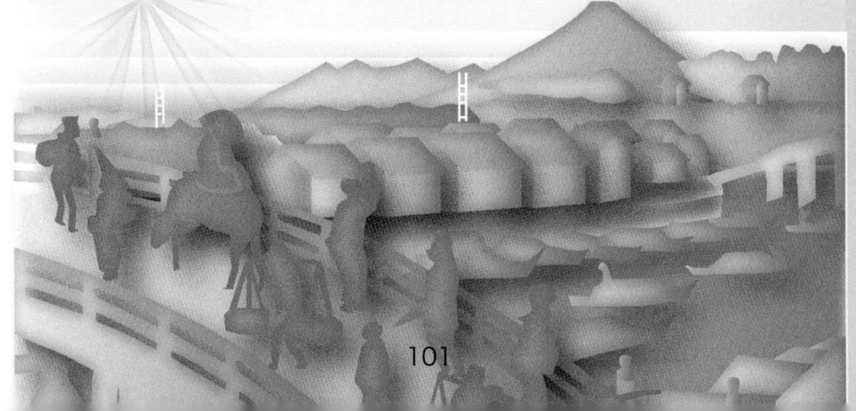

跪くべき者を奪う二度の神殺し。

葛飾北斎「冨嶽三十六景 御厩河岸より両国橋夕陽見」部分 （東京都江戸東京博物館　Image: 東京都歴史文化財団イメージアーカイブ）

日本文明の基底「平等施一切」。

私達がそれとなく受けた文科省の学校教育による江戸時代、それは暗く陰湿で非人間的社会、というイメージだった。しかし 21 世紀に入り出版された渡辺京二の「逝きし世の面影」、田中優子（法政大学 総長）「未来のための江戸学」、松岡正剛との共著「日本問答」等、思っていた幕末までの印象とは真反対の明るく楽しく優雅な庶民の暮らしぶりだ。石原慎太郎でさえ高い評価をする程、目からウロコの想いの幕末社会だ。続きをほんの少し引用する。

「上級者と下級者との間の関係は丁寧で温和」237 頁、「日本の上層階級は下層の人々を大変大事に扱う」279 頁、「日本社会では身分的平等の観念がすでに非常に成熟している」286 頁

(前略) 庶民の「生活的安楽」とは、たんに物価の安さとか暮らしぶりのシンプルさに尽きるものではなかった。彼女が描く鎌倉の海村は、貧しさが生活の真の意味での充溢を排除するものではないことを、活き活きと示している。「輝く春の朝、大人は男も女も、子供らまで加わって海藻を採集し、砂浜に広げて干す。……漁師のむすめたちが脛を丸出しにして浜辺を歩き回る。藍色の木綿の布きれをあねさんかぶりにし、背中に籠をしょっている。子供らは泡立つ白波に立ち向かったりして戯れ、幼児は砂の上で楽しそうにころげ回る。男や少年たちは膝まで水につかり、あちこちと浅瀬を歩き、砕け散る波頭で一日中ずぶぬれだ。……婦人たちは海草の山を選別したり、ぬれねずみになったご亭主に時々、ご馳走を差し入れる。あたたかいお茶とご飯。そしておかずは細かにむしった魚である。こうした光景すべてが陽気で美しい。だれもかれも心浮き浮きとうれしそうだ。だから鎌倉の生活は、歓喜と豊潤から成り立っている」。英国公使ヒュー・フレイザー (Hugh Fraser 1837 ～ 94) の妻メアリ (Mary Fraser 1851 ～ 1922) も、1890 (明治 23) 年の鎌倉の海浜で見た網漁の様子をこう書いている。「美しい眺めです。—青色の綿布をよじって腰にまきつけた褐色の男たちが海中に立ち、銀色の魚がいっぱい踊る網をのばしている。その後ろに夕日の海が、前には暮れなずむビロードの砂浜があるのです。さてこれからが、子供たちの収穫の時です。そして子供ばかりでなく、漁に出る男のいないあわれな後家も、息子をなくした老人たちも、漁師たちのまわりに集まり、彼らがくれるものを入れる小さな鉢や籠をさし出すのです。そして食用にふさわしくとも市場に出すほど良くない魚はすべて、この人たちの手に渡るのです。……物乞いの人にたいしてけっしてひどい言葉が言われないことは、見ていて良いものです。そしてその物乞いたちも、砂浜の灰色の雑草のごとく貧しいとはいえ、絶望や汚穢や不幸の様相はないのです」。(中略) 衆目が認めた日本人の表情に浮かぶ幸福感は、当時の日本が自然環境との交わり、人びと相互の交わりという点で自由と自立を保証する社会だったことに由来する。浜辺は彼ら自身の浜辺であり、海のもたらす恵みは寡婦も老人も含めて彼ら共同のものであった。渡辺京二 著 「逝きし世の面影」130・131 頁より

鎌倉 由比ガ浜

跪くべき者を奪う二度の神殺し。

570年前からこのままの 京都 龍安寺、石庭（世界遺産）。（龍安寺提供）

英米と維新政府が日本文明を破壊した。

ロングセラー「逝きし世の面影」は渡辺京二の作品だ。彼は幕末から明治初期、日本に来訪し滞在した外国人６０数人が故国への書簡や滞在記、紀行文を渉猟して、彼の健康な平衡感覚で捉え論評を交えた大部の一冊だ。読後、誰でも「日本はこんなに素晴らしい国だったのか」と考えさせられる。維新以降、明治政府は、幕末までを旧弊として全面否定、代わって小説「金色夜叉」に描かれる拝金思想が人々を覆う。徳川政権が決してしなかった外国侵略や、欧米帝国主義思想が国是に代わり、他国侵略は当然視される。「名利」つまり権勢や利益に目を奪われる事を仏教国家日本では「悪事」としていた。幕末までの価値観を転覆させた結果、日本は余りに悲惨な敗戦と米国への隷属化が待っていた。

悪路は続く。

日本は人口一人あたりの国民総生産額は高い。その配分はどうか。世界一のGDP を誇る米国は相対貧困率が二位で、日本はなんと一位だ。富裕層対貧困層格差が大きく、多数の貧困層が固定された。にも関わらず両国は、成熟した民主主義国家だと言う。教育とメディアは政府によるフェイクで出来ている。明治以来の弱肉強食・優勝劣敗思想は今も国民を覆い、貧しいのは無能の現れ、とは政財界の見解だ。金儲けに不利な職業・業種は幾らもある。その人々は金儲けに不向きだが無能どころではない。資本主義文明はお金に繋がっている人や職業だけ豊かだ。それ以外の分野に携わる人々と非正規雇用制度拡大、無年金層増加で、今や米国を超えて貧困層が増大。自分だけ良ければそれで良い、困窮の環境にいる人など見ぬふりで行こう。政財界目線の日米資本主義政府とかつて仏教国家だった幕末までの日本では、価値観が根本的に正反対だ。

20世紀後半、アジア各国独立

１５世紀以降、西洋列強は世界を武力で植民地化した。残虐な殺戮と詐術の手口で西欧列強は世界の「主人公」になった。西洋人以外は人間以下に扱われ、反抗すれば容赦ない処分が待っていた。日本の敗戦は各国独立の世界的転換点にもなった。明治以降、彼ら列強と結果的に同じ侵略手法で併合・属領化した周辺国が復興したのと同時だ。仏教思想に裏付けられた家康が開府した幕政の国民への「慎み」を捨て、英米政府に突き動かされた彼等の傀儡、明治政権以後の侵略的対外政策は破産。戦後復興は遂げたが、あれこれ理由を付け米軍は駐留軍となり、我が国の自衛隊まで指揮権を米軍に奪われたままだ。

平泉　中尊寺
塔頭　大長寿院

自分と戦争

先の大戦で日本の犠牲はどうか。兵士 220 万、市民 130 万、計 350 万人。列島人口当時 7200 万で 4.8%にあたる。沖縄から東京・大阪・名古屋・神戸など大都市は無論、県庁所在地等中小 240 都市の中心部は米軍による国際法違反の無差別爆撃を受け、日本中が焼け野原となった。1945 年 3 月 10 日 深夜、東京下町は寝込みを襲う卑劣な大空爆を受け 10 万人以上が一夜で犠牲になった。東京大空襲後も連日、日本各地に無差別爆撃は続き、8 月 6 日と 9 日、広島・長崎に原爆投下され 22 万人以上が一瞬で焼死。負傷合計は計 50 万を超えた。にも関わらず、現在、日本国内に核が持ち込まれているのは米 元将官の言明で明らかだ。平和に暮らそうとする人類に、核を含む軍備は必要か。軍事への依存とは何か。それは、人間、誰もが持つ油断ならない「煩悩・欲望」に決定的原因がある。人類が従来通り煩悩に依拠して生きれば兵器や戦争は永久に絶えない。煩悩・理性による戦争は相互不信の究極だ。人類という種は、そこまで愚劣な存在なのか。

田辺市 高山寺

第３部
仏教圧殺、二度の神殺し

捕鯨船、補給の為、嘘ばっかり。

目当ては、蓄積された日本資産。

タカ派大統領フィルモアの命を受けたペリー提督（58歳）は、ノーフォーク海軍基地を当時の最新鋭蒸気外輪艦ミシシッピで出航。大西洋横断、アフリカ南端、ケープタウンを経由、インド洋を越え、日本まで4万2000キロの大航海を総員1500名、各港石炭基地を準備。膨大な軍費を使い何故日本に来たか。理由は明白。例えば金だ。1850年の世界産金量年産10t。日本の金保有量は通貨小判が、推定500tを上回っていた。金銀兌換率は、日本5対1、欧米15対1。これを条約化して小判は滲み出すように日本から無くなり、銀や洋銀（銀の偽物）だけ残った。ペリーは神奈川条約締結五年後死去。大統領も変わり国内情勢は南北戦争で米国は余力を失った。その間隙に英国が日本でやりたい通りにした。

泰平の眠り覚ます上喜撰
たった四杯で夜も眠れず。

ペリー、日本攻略。
欧米 500 年来
情報収集蓄積。

産業革命後、英国は中国でアヘン戦争（1842年）を起こし、米国は米墨戦争を経て熾烈な南北戦争直前、ペリーの日本来航はまだ米国人口1416万人、日本2760万人(1833年)の頃だった。既に南米北米中米・アフリカ・中東・インド・東南アジア・オーストラリア等、世界は、英国筆頭の資本主義・帝国主義の植民地だ。日本は、出島のオランダ商館情報から世界の情勢を知るのみだったが欧米は、フリーメーソン組織を駆使、あらゆる情報を出島から手に入れていた。（オランダ商館 館長はフリーメーソン出島ロッジマスター、来航のペリー提督、後々のマッカーサー元帥はフリーメーソン 33 位階の最高位階だった事は公知である）日本情報について上は将軍の性格から幕閣の動き、大名情報から各産業、庶民の暮らし向き、作柄、植生分類から伊能図（日本全図）まで出島から持ち出されていた。金は出島から毎年 1t 持ち出され、日本の金産出と保有状況も彼等は熟知していた。

捕鯨船、補給の為、嘘ばっかり。

グラバー邸でなく下のグラバー事務所の屋根裏が将来の元勲達のバージンロード（グラバー園提供）

屋根裏部屋から始まる日本悪化

英国ジャーディン・マセソン商会上海支店から回されたトーマス・グラバー（21歳）は、長崎出島到着後、その出先機関としてグラバー商会を興す。幕末維新の時代に武器商人として大活躍。後に「志士」と言われる三、四歳年下で薩長土肥の若手下級藩士と関係をもった。表向きはジャーディン・マセソン商会の代理店。尊王佐幕の別なく彼等に膨大な武器提供をした。土佐の坂本龍馬・亀山社中もその一翼で、彼の暗殺後、グラバーは三菱財閥の祖、岩崎弥太郎と深い関係を持った。明治以降の戦争に次ぐ戦争。際限ない彼等の欲望を満たす為、侵略的な大日本帝国は、1945年まで是非の無い戦闘行為に全国民を巻き込み突進した。明治から77年、底力のある日本に極東を任せ、それを戦後自由にした。

金の為なら何でも…

国教、神仏習合の日本伝統仏教を基調にした幕末までの各宗派は、釈迦の「足るを知る」。聖徳太子の「和らぎを持って尊しとなす」で煩悩・欲望のまま生きることを遠ざけて生きる慎みのある民度高い日本文明の栄えある牽引者として、人々から尊敬を受ける存在だった。つまり、金銭獲得の為に全てを優先する事を「卑しい」としてきた日本人。その日本文明の中枢は「日本的霊性」である。と明治３年生れの禅家 鈴木大拙は言っている。その考え方に何から何まで真逆の「思想」が「資本主義そして帝国主義思想」だ。ジャーディン・マセソン商会は麻薬で中国から英国に巨万の富をもたらした。インドを徹底収奪し、中国でアヘン戦争を起こし、軍事力によって清国から2180万ドルという当時として膨大な保証金と香港割譲をさせ、アジアの大部分を英国の植民地とした。その英国は現在、穏健な社会的民主主義的国家風に変わっている。

政権・利権、意のまま

歴史を当時に戻そう。明治維新以来、元勲と崇められる様、国民に白を黒と教える新教育制度を寺子屋土台に全国網羅した薩長の下級藩士達は、何をしたか。彼等の脳裏に日本文明の粋「日本的霊性」の真髄や良心はあったのか。この国の人々が生来持っていた正直・無私・勤勉の資質に支えられて明治以降も日本の世界に対する面目は微塵も損しないまま、長州出身、南朝ゆかりの当時としては長身の新明治天皇を押し立て、自分達だけの利得の他は英国の出先としての能力競合に明け暮れ、豪奢を極めた。元勲達は首都一等地に１万５千坪を超える私邸を各々構え、幾多の広大な別荘を競い合っていた。

グラバー事務所
屋根裏への梯子
（グラバー園提供）

長州ファイブ
突然の渡英

(今の貨幣価値で一人１億円の経費、誰が出した?)

発達した武器と蒸気機関の他、
民度は英米より日本が遥かに高い。

侵略と戦争によって領土拡大。より正確で破壊力の大きい兵器で他国を陵辱。周到な情報収集に基づく戦術立案、老獪な間接支配と愚民化政策で相手国の弱体化を固定。その繰り返しで鍛えぬかれた欧米帝国列強。その底流にあるのは、支配層の限りない拝金思想に裏付けられた権威主義だ。片や東洋の最東端、地政学的に極東とされ、四海を海に囲まれ、生かされている事を感謝報恩する日本人。和をもって貴しとなす、という徹底した平和・平等思想と反権威思想が底流にあり、モノカネの欲望達成、名誉のみの追求は卑しいと考える日本文明。余りに相反する。その中で彼等は何をしたか。

日本を英米に渡した薩長

インフラ・正直・清潔・識字率・発行書籍量。民度の高さ世界一だった日本文明が…

日本において、体制の変化が起きているとすれば、それは日本人だけから端を発しているように見えなければならない。

（一八六六年四月二十六日、ハモンド外務次官からパークス在日公使宛公文書）(注)

混沌とした日本の1860年から維新までの８年間。長崎・下関・横浜で何があったか。英国政府の命を帯びて日本現地に居た英国公使館通訳アーネスト・サトウと、トーマス・グラバー、二人が薩摩英国側のこの二人に関わった日本側

（井上、遠藤、山尾、伊藤、野村）

エージェントは、下関戦争時の伊藤博文、井上馨だった。長州ファイブ。続いて長州セブンティーンがグラバーの斡旋で英国に送られた。英本国のラッセル外相は大国の体面で動き、現場は具体策で動く。日本は英国の思惑通り明治体制が作られた。薩英戦争、下関における、四カ国艦砲射撃を経て、1866年、兵庫港攻撃を予測した。

(注) 出典：加治将一「あやつられた龍馬」詳伝社 405頁より

長州ファイブ 突然の渡英（今の貨幣価値で一人１億円の経費、誰が出した？）

現存するジャーディン・マセソン商会建物、横浜　山下公園前

維新前後、横浜港の総輸出額の 60% がジャーディン・マセソン商会で扱っていた？

帝国主義シフト　維新・終戦

明治元年、やぶから棒の神仏分離令（廃仏毀釈令）は、明治政権背後の英国政府にとって、最初に成し遂げねばならぬ必須要件だった。何故なら日本文明を破壊せねば、この国は断じて変わらない。その確信と深い読みが英国外務省にあった。過去 500 年、欧米列強の侵略常套手段は、まず宣教師を送る。続いて政権中枢の主導権を簒奪していくいつもの方法だ。日本もイグナチオ・デ・ロヨラ、フランシスコ・ザビエル率いる宣教師団は、当初順調に布教していた。しかし、キリシタンは徳川政権により徹底排除され、日本でキリシタン布教は壊滅した。文化侵略なくして、日本文明の破壊は果たせない。それを熟知している大英帝国の恐るべき政策だ。

維新と終戦。「二度の神殺し」

明治維新神仏分離令（廃仏毀釈令）、そして太平洋戦争後、科学以外は信じるな、という GHQ 教育文化政策でダメ押しの神殺し。（戦後伝統仏教は完全に公的立場を奪われた）この二度の伝統仏教破壊工作を梅原猛は「二度の神殺し」と言った。これについて日本国民は明治維新と戦後の科学至上主義によって自分たちがどう考える様になり、結果どうなるか殆ど意識せずに、神殺しを素直に受け入れた。文明とは何かについて米国ハーバードの政治学者サミュエル・ハンチントンは世界の八大文明を規定した著「文明の衝突」で「宗教は文明を規定する中心的な特徴であり（中略）偉大な宗教は偉大な文明を支える基礎である」（文明の衝突　62、63 頁）と言っている。真実は海外から伝わる。日本人は英米から今も何をされたのか皆目、分かっていない。その謎解きが本書のテーマで「二度の神殺し」を受けた日本国民としてこれからどうするか、を問われている。

文明破壊で無国籍化

だが地球は回っている。戦後 50 年、ハンチトンは世界八大文明に「日本文明」が入っている。日本文明は何の宗教を基礎に成り立つ文明か。言わずと知れた「二度の神殺し」の対象、1400 年の歴史を持つ国教、日本伝統仏教だ。草木国土悉皆成仏に始まる仏教の日本化は、誠におおらかで神仏を規定しない。台所に荒神様。水屋には水神様と何処にも神仏が存在する日本文明。このおおらかさが寛容さをもたらした。英米の策謀に対して信仰を、大きく絶対無限と捉える日本文明は彼等の策略に気づかず許してしまった。残念ながら文明の本質とは何か、考えもしなかった当時の為政者の大きな黒星だ。

梅原猛 著
神殺しの日本

こんな国に誰がした。

何をされたか分からない
維新後の日本人

ひざまずくべきものが無い人間は
何でもしてしまう。

絶対無限の存在、神仏を日本人は英米に奪われた。自分の家が何宗だったかも分からない人が多い今の日本。その起源は明治維新の神仏分離令（廃仏毀釈令）に始まる。島根や長崎で僧侶が強制的に還俗させられ、坊さんが二、三百人、数珠繋ぎに縛られ追放された。当時あった寺院の四割は打ち壊し又は放火によって失われ、膨大な数の国宝、重文を含む文化財が破壊され焼かれた。廃寺になった寺の数は、全国で四万に及ぶといわれる。当時明治政府はこの事実の記録を意図的に抹消した。被害の正確な調査は今後に待つほかない。平田篤胤率いる神社神道国教化運動は、全国に広がり神社が寺院から分離された。しかし、その元凶は決して彼等ではない。遥かに強力な、明治政権を駆動する外国政府の意志が強力に働いた事実は英国公文書を含む状況証拠から類推して間違っていない。

仏教破壊
官軍・帝国軍隊犠牲者
だけの官弊神社へ

廃仏毀釈令で
日本は国教を失った。

罪穢れを祓って、明けき、浄き、直き心に生きるのは日本人が素直に受け入れる神道の心だ。しかし肉体を相対有限、神仏を絶対無限と捉え、あらゆる問題を解決可能にするには素朴な神道では対応不能だ。インド発祥、中国で練磨の千軍万馬、仏教哲学の敵ではない。自分とは何か。量子とは何か。未知のあらゆる問題に対応可能で、あるがままを受け入れる二極統合思想は仏教が進化した前衛思想だ。神仏習合で発展した伝統仏教が母胎だ。

神仏習合は 1200 年の伝統だ。明治政府の神仏分離は何故そうするか何も説明が無い。第一、日本人の発想から出てこない。神殺しは二度とも外国勢力が日本の仏教を破壊する為の政策であった。仏教否定は、官製神道も同じ結末を迎える。結局、明治の絶対君主制、現人神は、戦後、人間宣言を余儀なくされ、人間に戻った。二度の神殺しで怖いものなしになった政権は、バレても居直るのが日常化し愚劣度を増した。この有様を詠嘆調で述べるだけのメディアは、日本文明が英米による神殺しで劣化を止められない社会である事に痛痒が無い。この他文明と変わらぬ今の状況に早く気づき終わらさねばならない。

京都　清水寺、三重塔（清水の舞台の手前）

最初の神殺しと二度目の神殺し

明治維新、廃仏毀釈令に始まるカミもホトケも無い社会。あるのはお金だけ。尾崎紅葉の小説「金色夜叉」に象徴される金とダイヤモンドに目がくらんだ社会だ。弱肉強食の社会、漬け込むスキある隣国は日清・日露の戦争で手中にする。絶対無限の「神仏」を失った国家は逆に「神仏」を英国流に国家統治と侵略の道具に使う。伝統仏教を失った国民の規範・道徳を繕うのはペナペナの「教育勅語」と「軍人勅諭」だ。太平洋戦争で映画「きけわだつみのこえ」に象徴される精神主義一辺倒の帝国軍隊は、南方戦線で餓死か米軍によるターキーシューティング。挙句の果て、青い鳥のヘンゼルとグレーテル宜しく、肥えたところを屠殺、沖縄・北方領土まで失った日本は大小 240 都市が焼け野原、その上に

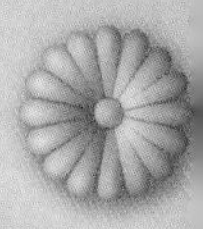

広島・長崎の原爆投下だった。これが二度目の神殺しの序章だ。戦後、占領軍GHQは何をしたか。1400年神仏を敬ってきた国民にまだ熾が残った部分を徹底破壊する為の愚民化策だ。温存されている欧米文明の絶対性を担保するキリストへの忠誠をこの国日本では、何と「科学以外は信憑してはならぬ」とした。再び何と、この政策は厳然と今も属国日本の基本思想で既定方針だ。

出来上がった、お金だけ愚民化社会

「文明の衝突」(470頁) でハンチントンは、かの梅原猛の見解を紹介している。それは「マルクス主義の失敗、ソ連の解体は西欧リベラリズムの崩壊の前兆だ」と言っている。では、その先どうなるか。「絶対無限」を信じない「相対有限」のみを信憑する資本主義文明社会・新自由主義の崩壊だ。考えてみれば今の日本は、物質文明の成熟と並走する情報撹乱と真実喪失社会。それは取りも直さずアメリカ・ヨーロッパの欧米文明そのものでもある。明治以来、そして戦後80年近く日本社会はその道を彼等に従い歩んだ。弱肉強食の現文明の進行につれて自殺者の増加。人口六分の一を超える貧困層の拡大。劣化が止らない為政者。これらは発達した資本主義社会共通の現実だ。その原因は何か。人間がひざまずくべきもの「絶対無限」を失いゆく社会。完全無欠なる絶対者、つまり、ブッダ、イエス・キリスト、アッラー、ブラフマー、ヴィシュヌ、シヴァ、エホバ、そして道教の神々の喪失だ。彼等は暫定的絶対者になりえるが、仏教と科学が統合する可能性が最も大きい日本文明はやがて、人類の統一された文明への移行を暗示している。到達が確実となったシンギュラリティを統治出来る次期人類文明は、「絶対無限」と「相対有限」の二極を統合する思想・哲学に基づく人類文明としての日本文明を於いて他に無い。

鎌倉大仏の真後ろにある
六字名号

戦争・貧困のない次期文明をどう創るか。

戦争と貧困は「仕方ない」？

この問題には政治が深く関与している。資本主義の権力構造は、体制の継続と既得権益を手離さない。その為の大きな流れを教育によって作る。戦争と貧困が無くならないのは「仕方ない」という国民への諦めを定着させる刷り込みだ。
幕末まであった１万６千に及ぶ寺小屋が識字率貢献だけでなく、子供達にとって平和で豊かな民度高い日本文明の教育機関として機能していたが、維新から戦前まで帝国主義の77年間は、教育勅語と武士道を天皇に都合よく編集した軍人勅諭が生活規範だった。戦後、拝金の米国資本主義は、改めて仏教は「科学的でない」と否定。今、日本で神仏を口にすると、胡散臭いか抹香臭いと否定されるか列外の対象になる。米国が持っているキリスト教の宗教意識とは真反対の、神殺しの教育が日本では通常だ。科学至上主義の学校教育とメディアが「科学的でないもの」を否定し、その方針は今も続いている。しかし、米国政治学者で高名なハンチントンは文明の構成要素に「優れた宗教」を挙げている。この問題を氷解させるのは、日本文明に対する深い認識だ。

「戦争と貧困」放置は明白な「犯罪だ」

「仕方ない」に決別するのが今世紀。

霊性・ホトケゴコロ（良心）が平和と繁栄の原動力

戦争と貧困は人災である。人の努力で無くす事が出来る問題だ。なら、どうすればよいのか。そこで立ちはだかるのが権力の「仕方ない」という理性が言わせる観念だ。人間の罪深き煩悩に対して「仕方ない」は理性の捨て台詞。現在の教育政策は理性による誤魔化しの方法だ。しかし、ホトケゴコロ（良心）は諦めない。誰でもホトケゴコロ（良心）は持っているからだ。戦争と貧困を無くすのに最も効果的な力は何か。我が内なるホトケゴコロ（良心）に依拠する事が人類破滅への道から繁栄への道、カラダと理性（相対有限）からイノチとホトケゴコロ（良心）、つまり絶対無限・利他への道だ。

１９６１年、流行ったスーダラ節の植木等の父上は、植木徹誠である。浄土真宗の僧侶で出征兵士に戦争中、「戦争は集団殺人」「卑怯といわれても生きて帰ってくること」「人に当たらないように鉄砲を撃つこと」を説く。貧困を生んだ差別部落にも反対して治安維持法で４年間投獄された。ブレイクする前に植木等がスーダラ節を父に相談したところ、『わかっちゃいるけどやめられない』の歌詞が親鸞の「煩悩は死の水際まで消えず絶えず」の思想に通ずる、と彼に助言し、空前の大ヒットになった。「仕方ない」と諦めなかった植木徹誠の他にも戦時中、浄土宗・浄土真宗・禅宗・真言宗等、数多くの僧侶が「戦争は悪だ」と公言した勇気は称賛されるべきだ。

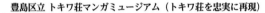

豊島区立 トキワ荘マンガミュージアム（トキワ荘を忠実に再現）

ホトケゴコロ（良心）は何を人類にもたらしたか。

１００年に一度現れるかどうかの天才漫画家、手塚治虫は終生一貫したテーマが「イノチ」（絶対無限）だった。後々、漫画というジャンルを世界化した思想的深さは、「ブッダ」「火の鳥」をはじめ彼のホトケゴコロ（良心）を作品に昇華したものばかり。「鉄腕アトム」の作中で、地球へ帰る人々が乗るロケットはどうしても人間一人分の重さが問題で地球に戻れない。その時「私がロケットから降ります」とある少女が言う場面がある。これは人々が無事に地球に帰れる為の明白な「犠牲」だ。数多い手塚漫画の中で「犠牲」を物語の節に使ったこのシーンは、筆者の心に深く響いた。いざという時、皆の為に自分は死ねるだろうか。ホトケゴコロ（良心）に通ずる利他の高貴さが今も心に滲みている。

戦争から我々は学んだのか。

戦争は、人間の生命を大量に奪う。野蛮で愚行だ。戦争の犯罪性を学ぶ為に２０世紀、人類は１億６０００万人の犠牲を払った。日本は先の戦争でアジアの人々１５００万人を殺戮し、日本の一般市民１３０万人が米軍に殺戮され兵士２２０万人が戦死した（うち過半数は餓死)。日本は明治以降、近隣諸国を戦争と武力で植民地化して侵略ではない、と政府与党は今も言う。文字通り戦争から何も学ばない。だからもう一度、強力な軍隊を持って海外派兵をしたい。戦後世代は戦争の悲惨を知らない。戦争の惨禍を思い描く想像力も無い。戦争は、勇ましく格好良いスポーツとは違う。だから単なる闘争本能に「文明」は格闘技やスポーツを用意している。死に至る怪我をさせる事をルールやマナーでガードする。人を殺し怪我をさせる戦争は、国家間に如何なる理由があろうとも明白に凶悪な犯罪だ。

煩悩に簡単に負ける理性。

人殺しは良いか悪いか、誰でも「それは悪い」と答える。しかし、国と国の紛争を武力衝突や戦争で解決する事を人類は今も止めていない。何故か。大義名分のある武力行使は犯罪では無いと多くの人が考える。そうだろうか。人間の煩悩・欲望は、「わかっちゃいるけどやめられない」。つまり、煩悩を基底とする戦争を犯罪とみなさない。理性は、戦争や貧困を無くせない。伝統ある日本文明の核心「ホトケゴコロ（良心)」は、戦争を残虐な犯罪行為と認めている。私達が戦争や貧困に立ち向かう時、この「霊性」「ホトケゴコロ（良心)」「絶対無限、生命の本質」「利他」に依拠する他、道は無いのだ。

特別展ポスター

戦争と貧困は人災だ

戦争・貧困のない次期文明をどう創るか。

約 80 年前、20 万人の犠牲を出した沖縄戦 激戦地。艦砲射撃で地形が変形したままの摩文仁の丘の現在。

「仕方ない」の積み重ねが戦争。

戦争と貧困に私達は永遠の別れを告げる事が出来ないのだろうか。一橋大学院修士課程で日米外交史を研究している元山仁士郎（もとやま じんしろう）氏は、戦争末期、沖縄でゲリラ活動を担った「第二護郷隊」にいた祖父に聞いてみたという。「何故戦争は起きたの？」祖父は少し黙った後、「当時はそういう教育だったんだ」と言った。反抗しようものなら殺されていただろうし、そうなると孫の自分もいなかった。仕方なかった事はわかる。しかしそういう「仕方ない」の積み重ねが戦争になっていった。じゃあ、その「仕方ない」をどう克服して行くのか。「仕方ない」と思う人達を否定はしない。唯、自分の子や孫の世代になれば同じ問を子孫から受ける。そこで我々はどう答えるのか。ここが現文明と次の世界文明の分かれ道なのだ。東京新聞２０２０年3月１８日付より

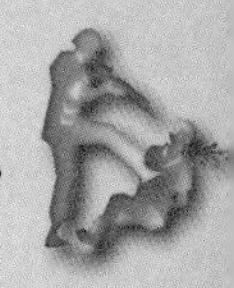

戦争・貧困を諦めてはいないか。

伝統仏教は、日本化の中で次々と進化を遂げた、その歴史が日本文明の母体だ。人間生来の自由、上下の別無い平等、仏教では慈悲といわれる博愛。人は全てホトケの子とする民主思想。空海・最澄らが果たした超多神教化と、草木国土悉皆成仏思想。生命体の三要素、カラダ・ココロ・イノチの見解と峻別。これに基づく①カラダの本性とは煩悩とその知的限界としての理性で「相対有限」。②ココロとは、カラダとイノチ両方の意向を反映する代弁機能。③イノチとは自分の本質（自分探し最終回答は自分の生命）でホトケゴコロ（良心）を持つ。「日本的霊性」「絶対無限」とも言う。となると煩悩（相対有限）から発し、それをどうにも出来ない理性に対応する能力は、イノチの持つホトケゴコロ（良心）に依拠する他、人類に限りない前進を保証する道は無い。「仕方ない」などと諦めていれば人類史は終わるのだ。

次の世界文明は日本発。

生きる上で無くてはならないカラダ。そのカラダに生命を吹き込んで「生命体」となり、この世に生きていられる。現文明は人類史から戦争・貧困を無くせない。伝統仏教を母体とする日本文明は、超多神教化で排他性を脱した。続いて身体の持つ正体、煩悩は死の水際まで消えない、絶えない。と親鸞は言う。自分の本質、正体をイノチと認めた上でホトケゴコロ（良心）に最終判断を委ねる。これで人類は戦争・貧困を脱出、煩悩でなく良心の文明に行ける。いや、これだけでは無理だ。見えないイノチの存在を信憑する。見えない神仏を心底信憑する。この出発が無い限り、また理性止まりで戦争は始まる。

司令官牛島中将の墓の前に立つ日本人捕虜
（撮影：米軍心理作戦部隊 沖縄県公文書館 所蔵）

「戦争で問題解決」は正真正銘狂気。

「地球は有限閉鎖空間」戦争手段はとうにレッドカード。

20世紀の戦争で殺された1億6000万人のうち8割は民間人。ブッシュ米大統領が「テロとの戦争」の大義で始めたイラク戦争実は米国の石油利権横領戦争で直接・間接殺された人々が100万人。先の戦争で、日本の大中小240都市を含め、沖縄、本土全体が米軍の艦砲射撃と絨毯爆撃で焦土と化し、130万を超える一般市民が殺戮された。先の大戦は、日本史上未曾有の大量犠牲者を出した。兵士・国民350万人。他国民の犠牲者1500万人。数が多すぎて言葉も無い。女優の李香蘭、日本名 山口淑子曰く、「バカな戦争でした。どれだけの若い命を奪った事か…」どんな言い訳をしようと、これ程多くの犠牲を出した戦争が醜い犯罪で無くて何か。

「戦争」は凶悪冷酷。理性 対 理性が戦争になる。

どんな名目でも戦争は白日の犯罪。

核戦争の恐ろしさに懲りて核の傘に潜り込む

2019年7月、アジア太平洋円卓会議（マレーシア戦略国際問題研究所主催）でマハティール首相は、「戦争の犯罪性を国際社会の最優先課題とすべきだ。」と、「変化する地域秩序と新しいマレーシア」のテーマで話し、「戦争が行われれば人命はちっぽけなものにされる。民間人、子供、女性、弱者、病人、高齢者も兵士と同程度に殺害される危険に遭う。どうしてそんな事が受け入れられようか。」中略、「戦争反対を国際社会の信条としなければならない。」と強調した。戦前とは大きく変わった。アセアン諸国に平和勢力として発言が世界に認められている元首達が林立する時代である。

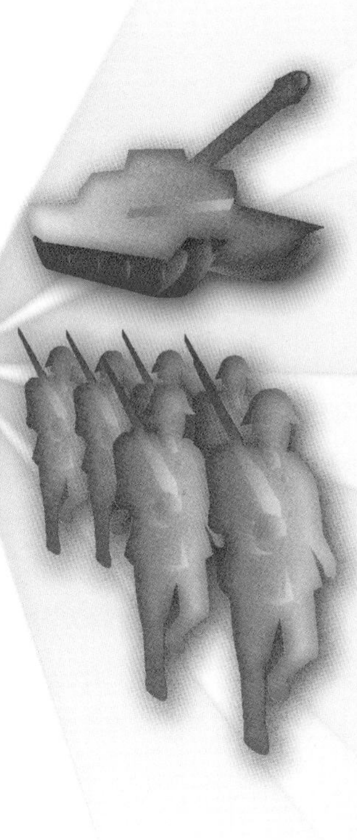

戦後5分の4世紀を迎える日本は、どうだろう。残念ながら、前にも増して好戦的且つ対米隷属を深めている。世界各国の大きな流れはアジア太平洋、そして世界を見渡しても、時代は「戦争」という「犯罪」に厳しい。日本版ネオナチ「日本会議」の会員が8割も占める日本の内閣は、戦慄を感じる異常事態政府だ。加えて憲法9条改正を目論みクソをミソと言い換える。戦争法制定の強行、海外派兵は内閣単独決定で実行、沖縄の米軍新基地の機能を2.5倍に上げる辺野古新基地を自前で建設強行。人類史の流れに大きく逆行する政府自体が正気を失っているか米国に忖度の為、戦争犯罪集団化している。しかもメディアはそれを傍観、黙認している。

「蒼氓 焼死体の山」（井上俊郎画、1990年）（東京大空襲・戦災資料センター所蔵）

戦争で問題解決はアナクロニズム。

戦争は往々、宣戦布告が無い。相手国が先に攻撃を仕掛けたという口実ではじまる。この出発点こそ「戦争」の大きな特徴だ。過去、米国が仕掛けた1836年2月 アラモの戦い、1846年5月 米墨戦争、1941年12月 真珠湾攻撃、1964年8月 トンキン湾事件。少し遡って日本軍1937年7月 盧溝橋事件、そのどれもが仕掛けを作って嵌める。詐術的方法で相手を戦争に引き込む手口は皆同じだ。戦争とはそれによって権益を得ようとする集団が､自国と相手国に仕掛ける。そもそもの出発から講和まで、ほとんどが権益・資源・領土収奪が一方的ビジネス目的なのに大義名分はいつも「自国防衛」だ。米国という国は過去200年、いやその前から戦争に次ぐ戦争で全てを生み出してきた。

利潤、利権の強奪が戦争。

戦争による領土拡大と資源権益収奪が、戦争・植民地化の目的だ。独立したアフリカの国々は、もともと歴史と伝統文化を持つ部族が生活していた。それを経度と緯度で国境線を乱暴にも直線で敷き、列強が植民地化した。その為、独立後、国境線で分断される種族・部族が発生してしまった。植民地から独立した時に、この問題は部族間の大きな悲劇を生み出した。西洋列強の野蛮な領土確定線による悲劇は、今もアフリカの諸問題を複雑にしている。それだけではない。スペイン、ポルトガルによる南米の現地住民の大量殺戮、イギリスによるインド亜大陸の植民地化の過程で枚挙にいとまなく残虐行為をその他被植民地国で行っただけではない。その国の言語・風俗・習慣まで変更を強制して、その国本来の文化や独自性を根本から奪った。その様な犠牲をはらって独立した国々が、もう一度戦争で遠い他国に攻め入るだろうか？

戦争ビジネスは儲かる。

戦争程儲かるビジネスは他にない。戦争はあり得ない利益を資金供給の国際金融資本にもたらす。戦う両方に武器・弾薬・燃料を供給、両軍の消耗が激しい程、漁夫の利を得る国際金融集団・軍需産業の利益は増大する。20世紀、戦争の全ては、彼らの画策による戦争遂行だった事を記憶せねばならない。宗教、思想がどうの、という国や民族の排外性を上手く使って戦争を拡大する。戦争さえすれば､利益が上がる集団の存在を見逃すべきでない。戦争は明白な人災である。そして戦争を画策する側の安全は100%有り、当事国民はあり得ない悲惨な犠牲と貧困、苦しみを与える事になる。

広島に投下された
原爆のきのこ雲

戦争は犯罪である

「戦争で問題解決」は正真正銘狂気。

英米をはじめとする通商条約で出島から出られた。長崎の英国人グラバー邸

「経団連」と「戦争」

「経団連」は明治以来、戦争遂行の為の経済団体である。先の敗戦で一度衰退したかに見えた。しかし、５年後勃発した朝鮮戦争で、戦争ビジネスは復活。米国の世界戦略のもと「戦争への道」を国内産業内部に持ち始めた。明治政府以降富国強兵策をしてきた戦前政府。戦後政府与党は、安保後、「戦争法」を強行採決。「経団連」が「防衛産業政策の実行へ向けた提言」発表の４日後だった。オカネになる戦争ビジネスへの欲望を孕む資本主義の宿痾だ。より大きな金儲けビジネス願望は断てない。ネオナチ思想も利用した「経団連」幹部は再び、国民の「平和と安全」という美名で、戦争ビジネス（殺人の為の高効率装置産業）へ踏み込む。「経団連」は、いつもの理由「国民の安全の為」戦争準備を合理化する。

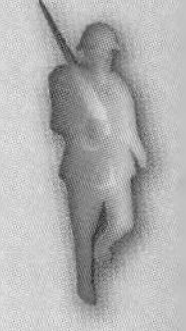

幕末前後の日本

徳川政権と明治政権の幕末を境にした権力の入れ替えは、何故起きたのか。明治維新の３年前まで、アメリカ南北戦争が４年余り続いていた。大量の武器が不要となり、行き先が必要だった。英国公使パークスは、幕府と薩摩・長州双方から情報を巧みに集め、日本の新政権を如何にして我が物にするか、本国政府と連携し策を練った。日本で坂本龍馬が亀山社中を組織し、莫大な英国資金で当時の最新武器を大量に入手していた。後ろ盾にトーマス・グラバーがいた。しかし彼等にとって妙な理想を持つ竜馬は暗殺され、岩崎弥太郎が受け継いだ。以後、彼は明治４年、廃藩置県で大量の藩札を買い占め、明治政府発行通貨に換え、膨大な利益を得た。西南戦争をはじめ、明治政府の軍需権益は岩崎弥太郎一手に委ねられた。

戦争は理性で止まらない。

裏で繋がる国際金融資本にとって日本の動きは、国民に見えぬ様に明治政府を動かす。民間で九十九商会（後の三菱財閥）を使った。日清・日露の戦争も、特需は膨大で、英国製軍艦が海戦の主力だった頃、戦争は全て国際金融資本の収益だ。海軍エリート士官の留学先は、英国だった。その後、1900 年代に入り留学先は米国に変更、海軍への影響力は英国から米国へ次第に移行する。国際金融資本も英から米系へ移行する。大日本帝国海軍の主要幹部は、留学で英米外務省仕込の世界戦略教育を必然的に受け、何をしたか。戦後、処刑された 13 人の中に海軍幹部は一人もいない事が何の意味かを物語る。米国で真珠湾から始まる米戦略・戦術の情報漏えいで徐々に解ってきた。

長崎 グラバー邸に移築されている
フリーメイソンリーの門柱

資本主義文明は弱者見ぬふり。

日本の現実

資本主義＝お金第一主義。資本が利潤を生む為の文明だ。人々の心は損得の意識が先に働く。兵器産業は利益の為に軍備を薦める。日本国民の為でなく、隷属している宗主国米国の為に国家運営を従属させる。学校で教わる主権在民、民主主義とは全く違う。弱肉強食、優勝劣敗思想で駆動されている。弱者の発生は、生活力の自助努力が足らない、となり生活保護受給は「福祉なめるなよ」となる。国民に保証される生活の権利はほんの少しだ。行政は弱者救済の慈善事業ではない、と世論さえ変質させつつある。学校の教科書と現実は大きく乖離する。為政者は国民を支配し、居直り、上の決めた事を国民に守らせる。日本社会はこのままで良いのか？人類の世界的進歩に大きく逆行している。

辛く悲しいのは他人事？

次期文明への移行
憲法９条が不可欠

世界中で貧困格差が拡大している。富豪は客船程の大型ヨットを持ち、７億人は水もトイレも無い途上国の絶対貧困。先進国では明日をも知れぬ母子家庭と働いても食えないワーキングプア。医者に行けない貧困老人など相対貧困層は世界に数十億いる。これは問題、と思っても一般人は自分と家族の生活に追われて他を省みる程余裕は無い。周りの貧困になど関われない。「世間は冷たい」と貧困家庭の子供に社会が自動教育する。貧困と犯罪は隣り合わせだ。都会のメインストリートは、綺麗で優雅なショウウィンドウに夢が並ぶ。私達の日常だ。スマホでゲーム、動画SNS。ネトウヨ世論が何故か前面に出る。テレビは趣向を変え、政治的「中立」のニュース。面白いバラエティ。

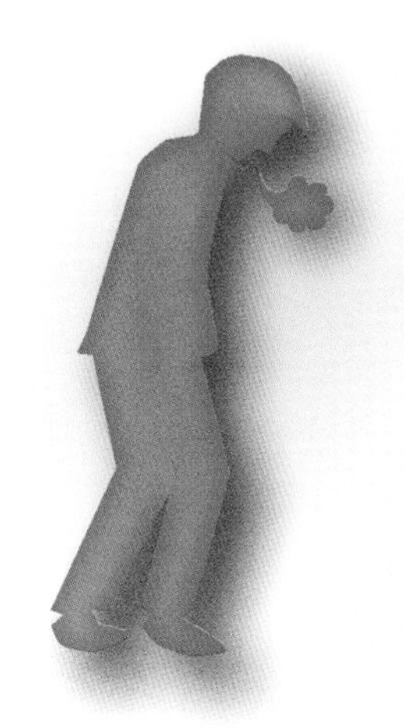

歌番、スポーツ番組で今夜も幸せ。忙しい、寝る時間が詰まる。どんどん変わる世の中、ソフトはバージョンアップ。社会を真面目に考えない風潮が普通。政治に無関心層達よ、そのままずっと選挙に行くな、どうにもなりはしないのだ、とは為政者の正直な思惑だ。政治と自分は関係ないのだ。社会など変わらない。余裕の無い収入。同じことの繰り返しの日々。戦争・貧困など無くなる訳ない。そこで再び、戦争を始めようと言う勢力は日本人が血であがなった平和憲法９条変更を企てる。何の為か。言わずと知れた戦争ビジネスのチャンスに乗ろうとする戦争を知らない愉快犯勢力とエセ右翼・経団連の野合だ。この考えは既に時代錯誤で、政権は世界のメガトレンドに逆走している。

世界の八大文明
その中の日本文明

「文明の衝突」それは
日本文明 対 その他の文明 の衝突だ。

ハーバード大学の政治学者サミュエル・ハンチントンは「文明の衝突」の中で、次の様に言う。「宗教は文明を規定する中心的な特徴であり、クリストファー・ドーソンが言うように偉大な宗教は偉大な文明を支える基礎である」又、「文明を構成する客観的な装備は(中略)宗教・言語・生活習慣・文学・社会制度・領土及び政治」と言っている。しかし、日本文明を考えてみると明治からの150年、国教であった伝統仏教が排斥(明治元年、廃仏毀釈令発布)され続け、天皇を中心とする神道(これは英国 国教会の模倣)にすり替えられた。その後、第二次世界大戦敗戦後GHQによる政策は、宗教そのものを排斥する科学至上主義が今日も継続している。

いつもそうだ
自分の値打ちに気づかない。

欧米知識階級は知っていた。

シッカリしろ日本人
属国政権の愚民策に乗るな。

ハンチントンによって「日本文明」というものがある事にまず日本人は驚いた。それが世界の八大文明の中に列せられる程の文明である事に疑問さえ感じた。私達日本人はことほど左様に自国の文明について評価が低い。他の世界文明との比較の中で日本文明の地位がそれ程評価がされていた事をむしろ驚きをもって捉えたというのが現実ではないか。そこまで日本人は自国の価値や評価に歴史的な裏付けを失っている。しかも、その失わせた張本人が明治新政府であり戦後、米の属国化政策である事にまだ気づいていない。では私達日本人の持っている日本文明とは何だったのか。ハンチントンその他によれば文明を規定する中心的存在が宗教だと言う。日本は聖徳太子以来、1400 年以上続いた国教、仏教を、あろうことか明治新政府が破壊した。この国の謎はここから始まる。文明の持つ総合力の基礎、伝統仏教を抜き去った明治以前から日本は兵器と蒸気機関以外の文明水準は、既に世界水準を抜いていた。それは幕末に来日した外国人が他のアジア諸国を巡った後、来日して異口同音に認めた事で、その総合的水準は欧米を凌いでいた。それを土台にした明治新政府は幕末までの利他、日本文明を覆し、欧米に追随して自利の資本主義文明へ文明の質を急転換させた。にも拘らず、この国の文明力は長い民族的伝統を助走にして今も健在だ。

八大文明の中の日本文明

一日 365 本、45.2 万人を 6 分間隔で運行する日本文明の象徴 新幹線のぞみ。新横浜にて

赤字廃線の鉄路こそ日本文明の至宝。蒸気機関車動態保存が鍵。黒字新幹線はそれを補ってナンボだ。

文明の衝突①

そもそも世界の大文明を今日まで支えてきた基礎は、それぞれの文明圏が擁している宗教によって成立している、とハンチントンは言う。この指摘は、文明という総合力の評価にあたって、実に的を得ている。何故ならそれぞれの文明の基礎、宗教が持っている世界観・人生観・生活規範こそ、その文明圏の人々の潜在的能力と深く関係しており、文明が和合性・侵略性と真っ二つに分かれる事から、この指摘に客観性が有る事を確認出来る。西洋文明の究極が資本主義文明で世界はその中で、転がってきた。資本主義文明は自利・モノカネ主体の文明である。その為の不可避的侵略性は、戦争を免れない。貧富格差の拡大も理性的な判断レベルを別に政府は肯定・促進している。

文明の衝突②

筆者が何故、世界八大文明を日本文明対その他の文明と規定したか。その唯一最大の理由は、日本文明の中心的基礎になっている伝統仏教の持つ「利他性」と現世界資本主義文明の持つ「自利性」の対極性にある。日本文明以外の西欧文明・中華文明・イスラム文明・ヒンドゥー文明・ロシア正教会文明・ラテンアメリカ文明・アフリカ文明（ハンチントンは、存在すると考えた場合と注釈をつけている）以上、他の世界七大文明には明白な利他性が文明の中心的基礎になる宗教に見当たらない。その理由は限界を肉体発の理性・知性を行動規範・世界観に置いている故だ。これはいずれ肉体の範疇での中心的存在、煩悩・欲望に攻め落とされ、自利が勝利してしまうからである。一方、日本文明のみが理知を超えた日本的霊性によって成立する世界文明で、利他を前提とする。世界七大文明と正面から衝突する所為である。

時代錯誤な資本主義体制

米国人サミュエル・ハンチントンに感謝する。理由は「文明」の本質を炙り出してくれた事。そして世界の八大文明に国教である伝統仏教を失いかけていた、この日本文明を世界の八大文明に列してくれた事だ。この二つの文明評価は、後世必ず評価される研究成果だ。21 世紀に人類は入ってもうじき四分の一を経過する。技術的特異点（シンギュラリティ）をその 20 年先に迎える。自利による現資本主義、世界政治・経済は、このまま行けば地球気象悪化で人類破局まで行かざるをえない方向性は歴然である。かろうじて止める事が出来るのは、利他の日本文明の先端、二極統合思想をおいて無い。

サミュエル・ハンチントン著
文明の衝突

人間至上主義の落とし穴

理性が限界のダンゴ三兄弟

イスラエル人歴史学者ユヴァル・ノア・ハラリは「ホモ・デウス」「サピエンス全史」「21 レッスンズ」で文化人類学的見解を述べている。時空を超えた比喩と多面的な対比による文章の面白さで全世界 31 カ国語で累計 2500 万部の世界的著者だ。彼からの情報は多岐にわたる。立ち位置はあくまでも西欧哲学の立場で全てを書く。現代資本主義体制に幾つかの警鐘は鳴らしている。第一に、人間至上主義を次の三つに規定する。資本主義、全体主義、軍国主義。これらは全て自然や他の生態系との調和を思慮の外に置く。第二に、次の人類文明について言及している。彼によれば生き残る世界文明は一つだけだ、と暗示する。

暗示の多い
ユヴァル・ノア・ハラリ

限界は従来哲学にある。

その解決策は
日本文明の前衛、弁証法的二極統合思想だ。

第三に、他の哺乳動物の食用についてだ。(後述)。第四に、人間の不死についての所見（意味がない）を述べている。これらは日本文明を深く考察し、対照してみると、どれもその当否が見えてくる。さて、人間至上主義のダンゴ三兄弟は、どれも理性的で自利を主体とする。人間至上主義という、神仏という絶対無限の上に人間を置く愚かさ。全ての大自然を人類が自由に制御できるという思い上がり、が露呈する。一見賢そうな種が陥る最も単純で傲慢な誤り、それはかつて有った天動説に繋がる人間至上主義という名の根本的誤りで、救いのない袋小路だ。最も進化したと言われている社会主義も同じ事が言える。所詮、理性の範囲で問題解決可能との前提が行き詰まりの原因だ。それはいみじくも日本文明が既に手に入れている霊性・良心という生命（絶対無限）の範疇から考えれば、余りに無謀で次元の低い解答に陥いる。そして第二、次の人類文明についての記述が「21 レッスンズ」にある。そこで彼は最終的に残る文明は、歴史を通して衝突を繰り返し、適者のみが生き延びてきた、と言う。弱肉強食の世界を貨幣力・経済力で勝ち抜いた資本主義文明が今の世界文明だが、人類全体から見ればこの文明は既に破綻が明白である。この先、技術的特異点を迎えて99% の人類を見捨てて破綻する。残るのは人間のあるがままを正確に捉えた日本文明のみである。

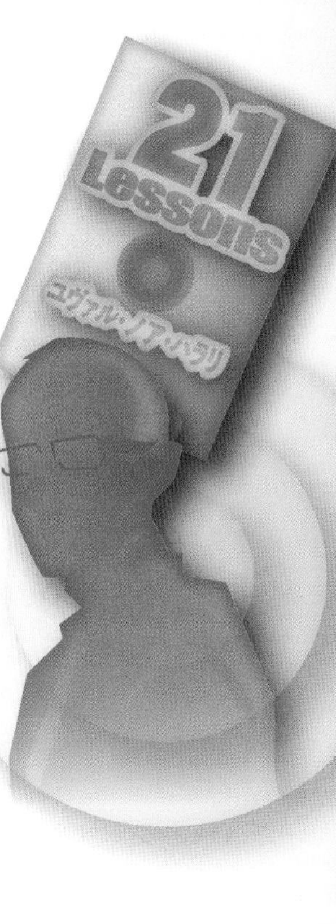

人間至上主義という誤り

人間と同類の愛情豊かな哺乳動物、牛の屍肉の食習慣

欲望そのままで良いか。

野生動物でない彼ら（牛・豚・羊・鶏）も、感覚や感情の複雑さを持っている。人類と遺伝子的に大変近くにいる。人間が肉汁たっぷりのステーキを得る為に小さな箱に押し込め太らせる。成長ホルモン・抗生剤・ビタミン剤等家畜用薬品漬けで身動きも出来ずに短い生涯を他の仲間と遮断された囲いの中、屠殺で一期を終える彼等は、ペットを愛する人々にとって何なのか。日本文明は不殺生が原則で、沿岸漁業の歴史は古くからあったが、幕末まで温かい血が流れる牛・豚の常食は無かった。さて、第四の不死についてだ。ここは日本文明と劇的に違う見解だ。日本では古くから生死一如思想が基本である。生きることと死ぬことは、どちらも切り離すことが出来ない一対の生命活動、と捉える。

日本文明は生死を貫通している。

西欧文明の発達は科学に何を求めたか。「死」を否定し、「死」の無い「生」を求めることが、自然だろうか。「死」を敗北と捉え、「生」のみを人生の全てと捉える西洋哲学は、弁証法的な科学と言えるのだろうか。これは生命の絶対無限性を無視し、相対有限な「生」を全てとするのは、あるがままの半分「生」のみを肯定し、「死」は否定、「無」とする思想で、現実あるがままを半分しか捉えていない。これは科学的だろうか。そうではない。

人類はいずれ絶対無限に到達する。

ハラリの言う第二の「世界はたった一つの文明しかない」について考えよう。現代の資本主義文明は、戦争・核戦争・貧富格差超拡大・地球気象悪化、そのどれも制御できない。この情けない文明を見限り、次の世界文明に移行するには、以上四つの大問題を解決出来る文明でなければならない。その為に次期文明には従来文明と異なった哲学や思想が必要となる。その根本に、①生死を一と見た生命観（生死一如）、②理性を限界とする肉体発の煩悩・欲望を超越して霊性・良心を基底とする絶対無限思想に基づく問題解決能力、③有限閉鎖空間を深く認識して共倒れする武力を用いない問題解決可能な和合の文明、④従来の自利文明から自他一如の利他文明、⑤自然や生態系を大切にする草木国土悉皆成仏思想の文明、⑥少欲知足・名利の大山に迷惑しない（名誉や利得で動かない）文明が必要だ。それが日本文明の前衛「二極統合思想」の全貌だ。それら全ての基礎にある思想は、絶対無限の存在を認証し信憑するところからでなければ、次の世界文明には行き着かない。

ユヴァル・ノア・ハラリ著
21Lessons

自利・エゴが資本主義的正常という思考からの脱出

茹でアマガエルになってしまう。

気温上昇がこのまま続けば、オーストラリアのグレートバリアリーフやアマゾン熱帯雨林の様な地球にとって重要な生態系が丸ごと破壊される可能性が大きくなったとハラリは言う。人類が今や生態系の大量殺戮者に変容しつつあり、このままでは人類文明の基盤まで損なわれるであろうとも予言する彼の「21 レッスンズ」から引用する。

気候変動は今起こっている現実なのだ。人間の活動、とりわけ、二酸化炭素のような温室効果ガスの排出は、恐ろしい速さで地球の気候を変えているというのが、科学界の一致した見方だ。取り返しがつかない大変動を引き起こさずに、どれだけ二酸化炭素を大気中に排出し続けられるか、はっきりしたことは誰にもわからない。だが、最善の科学的推定によれば、今後 20 年間に温室効果ガスの排出量を劇的に減らさないかぎり、地球の平均気温は 2 度以上上がってしまい、その結果、砂漠が拡がり、極地の氷冠が消え、海水面が上昇し、ハリケーンや台風のような異常気象現象が増えるという。そして、今度はこうした変化のせいで、農業生産が乱れたり、都市が浸水したり、世界の大半が居住不能になったり、何億もの難民が出て新たな住み処を探し求めたりすることになる。（ユヴァル・ノア・ハラリ 「21Lessons」159 頁）

自分の事だけ考えろ
他人などどうでもよい。

その結果を覚悟して受け取るか
受け取らぬか

二者択一の未来だ。

彼の描く地球の未来図は更に深刻だ。人類一人一人がこうなったらもう終わりだ、と心に深く期する事間違いなしの事を述べている。その最も深刻な部分を次に引用する。

極地の氷床が解けるにつれ、地球から宇宙へ反射される日光が減る。つまり、地球はより多くの熱を吸収し、気温がさらに上昇し、氷がなおさら速く解けるわけだ。このフィードバック・ループが決定的な臨界点をいったん超えてしまえば、歯止めの利かない弾みがつき、たとえ人間が石炭や石油や天然ガスを燃やすのをやめても、極地の氷がすべて解けてしまう。したがって、私たちは自分が直面している危険に気づくだけでは足りない。今すぐ実際に何か手を打つことが肝心なのだ。(同　ユヴァル・ノア・ハラリ「21Lessons」160頁)

私達地球の悲劇的結末は、もう免れないのかもしれない。少なくとも現状資本主義文明を続行する限り急速なブレーキは到底かけられない。ならばどうするか。人類一人一人、思考の根本的転換を不動にする次期世界文明思想を大至急我が物にする他ない。しかし、その為に要する時間をどう捻出するか。全ての矛盾を仕方ないと諦めていた思考回路に決別する他、道は無い。

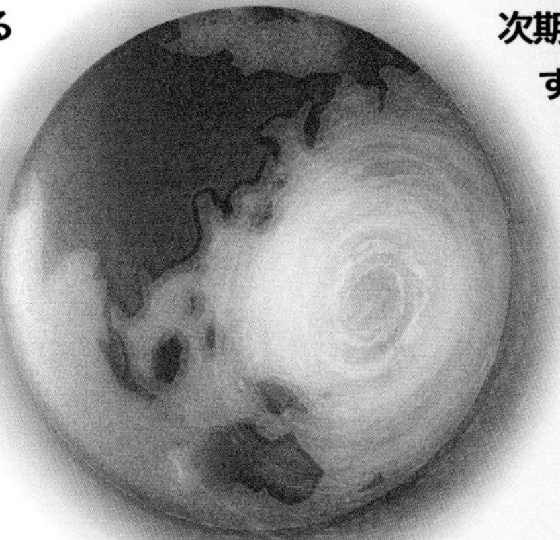

出典：環境省「2100年　未来の天気予報」を基に彩色

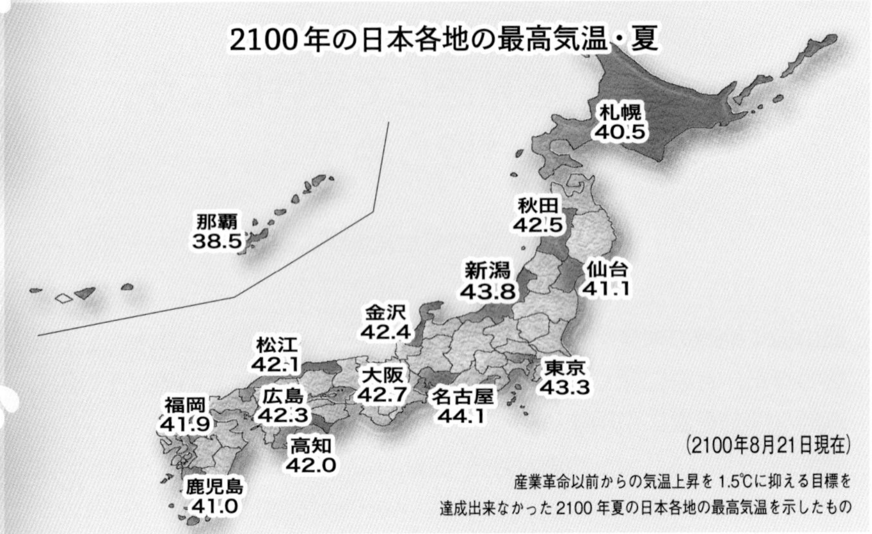

棄権するな。まず選挙に行こう。

尻に火がついて既に熱さを感じている。その具体的結果が日本ではどうか。喉元過ぎれば熱さを忘れる。だが夏の二、三ヶ月だけの辛抱で問題解決しないのは、年を追う毎の高温記録の更新で分かる。上図の気温予測は2100年だが、既に2020年、この表示と同じ地域は数カ所ある。東北の海に熱帯魚が来ている。政府予測の倍速で温度上昇は加速している。従来の住居構造やエアコン設備では間に合わない。それを予測して重装備な建物構造や空調設備で対応可能な家庭は極少数だ。毎年、何らかの地方・国政選挙が、この問題に深く関わっていると考える事が既存メディアの洗脳マシーンからの脱出なのだ。茹でアマガエルの暮らしのままは既に生命に関わる。カネで動く政権を倒す他無い。

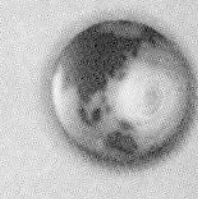

出典：環境省「2100年　未来の天気予報」を基に彩色

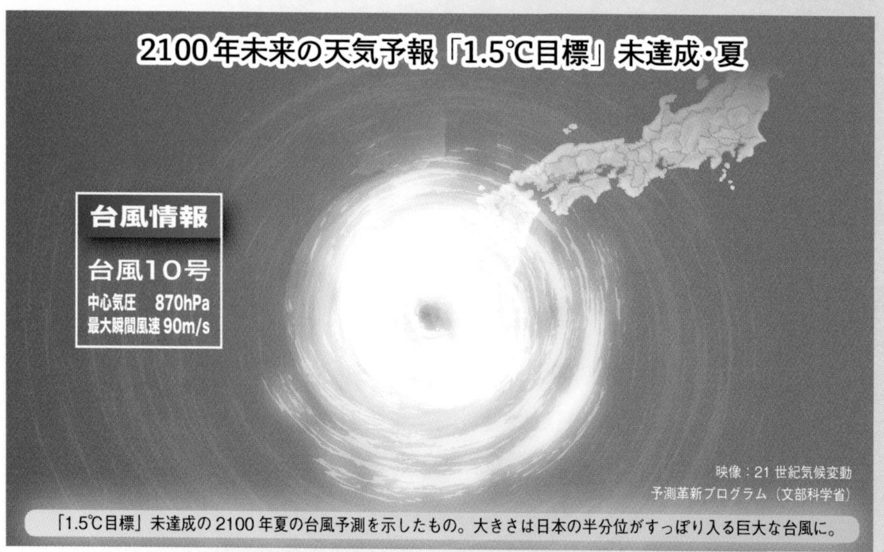

「1.5℃目標」未達成の2100年夏の台風予測を示したもの。大きさは日本の半分位がすっぽり入る巨大な台風に。

雨量も風速も今までとは違う。

近年全国各地の郊外宅造地が土石流で大被害が出ている。台風が大型化して雨量・風量が既に予測出来ない。今までと質も量も違う大被害が出る。当然、犠牲者の規模も予測不能で、数十人規模の死者が既に毎年出ている。政府の2100年予測規模は、既に2020年、現実になっている。これは世界的傾向で、北米・中米及び東南・東北アジアの途上国被害は更に悲惨だ。常に低所得者層が脆弱な住宅構造で被害が甚大化する。オカネ第一主義、資本主義体制下での被害は、常に経済的弱者に集中する。自分だけ自分達だけ良ければ良い、自利・エゴの現体制をハッキリ拒否しよう。カネの有る無しで危険度が違うのは明白な自動的差別だ。次期文明思想に大至急シフトしよう。

災害片付け現場
石巻市

二極統合へ①

ゼロとイチの意味。

絶対無限０と相対有限１

０が無ければ１は無い。０こそ全ての基礎である。０とは何か。連想するのは、清沢満之の「宗教哲学骸骨」だ。清沢は、如来・仏を絶対無限、肉体を相対有限と言う。肉体は相対有限。如来（生命）は絶対無限。肉体は生まれて死ぬまで相対有限の時空で過ごす。生命は肉体に宿る前後を貫通して時空は絶対無限。これを０と１に当てはめると０＝生命＝絶対無限、１＝肉体＝相対有限となる。次に肉体の特性、煩悩・欲望は、同じく１。生命の特性、霊性・良心は０。生命体とは、生命＋肉体＝１＋０＝１だ。つまり煩悩＋霊性の二極が統合して人間はこの世に存在する。生命が０で肉体が１。生命だけでも肉体だけでも人間は生きられない。肉体に生命が宿って、初めて生命体として生きられる。肉体から生命が抜ければムクロ（骸）、死体だ。肉体＝１を生かしておくには生命＝０が肉体＝１に宿っている期間だけである。１と０が統合の他、生物は存在出来ない。

ゼロが無いと万物は瓦解。

死は0、生は1。
霊性は0、煩悩は1。
プラスは0、マイナスは1。

宇宙が生まれて星が生まれる。それは0から1が生まれる事。1が無くなっても0は有る。0とは絶対無限、1とは相対有限。従って元素やブラックマター、正体不明のヒッグス粒子。宇宙そのものがどれだけ大きい時空でも1。その全てが消滅しても0は不滅。絶対無限だから。0は全ての発生源で宇宙消滅後の何もない姿、これが0。

煩悩は1、霊性は0煩悩は相対有限、霊性は絶対無限だから。煩悩の特性、理性・知性は相対有限で1。絶対無限の特性、霊性・良心は0。肯定は0、否定は1。続いて、プラスは0、マイナスは1。矛盾しているかに見えるが、正解。0と1の面白い関係、全てはこの二極で構成される。もっと面白いのが死は0、生は1。

私達の生命は0。肉体は1。1は無くなっても0は有る。つまり肉体は無くなっても、生命は有る。お互い生きている同士は肉体が相対有限、生命は絶対無限だ。生命がどれ程素晴らしい存在か、これでわかる。死ねば0に戻るだけだ。

二極統合へ②

0(ゼロ)と1(イチ)の原理

(霊性と煩悩)(生と死)(生命と肉体)

0と1は持ちつ持たれつの関係

2045年、シンギュラリティ、技術的特異点が予測される。仮想通貨社会の実現もその前後と言われる。コンピュータが暮らしに決定的役割を果たす社会が、今世紀中に訪れる事は必然だ。問題は、その恩恵を被るのが極少数か人類全体かが問題だ。コンピュータの成立から考えると、1人の人が99人を支配するのではなく100人が互恵平等の社会を享受する、という流れにならねばならない。理由は、そもそもコンピュータの基本は1のみでなく0との組み合わせで成り立つ。これはコンピュータのみが例外でなく仏教的解釈では生物全てが進化発展、調和する事物の歴史的必然性と通底する。

0＝絶対無限、1＝相対有限
ゼロ　　　　　　　　　　イチ

絶対無限の０なくして、
相対有限の１はない。

人類はコンピュータを使い始めた。これは０と１が基本で駆動する。０と１の混ざりあった数列の組合せによって全てが出来ている。コンピュータは言わば二極統合で駆動している。肉体（1）が無いと生命はゼロ（0）になる。この世の全ては１と０で構成されている。

ゼロの本質は絶対無限。仏教的に絶対無限は生命・仏と同意語だ。その特性は霊性・良心だ。それは生物全ての進化発展、調和、豊かさを保証する。聖徳太子が仏教を国教化されてから、日本文明の核、二極にこそ深い意味がある。

ビッグバンは大きいが相対有限。宇宙内の出来事も相対有限。しかし宇宙生命は宇宙生成前後を貫通して絶対無限。相対有限はゼロが無いとどうにもならない。肉体は生命が無いとどうにも出来ない。ゼロが無ければ１は増加しても無意味だ。

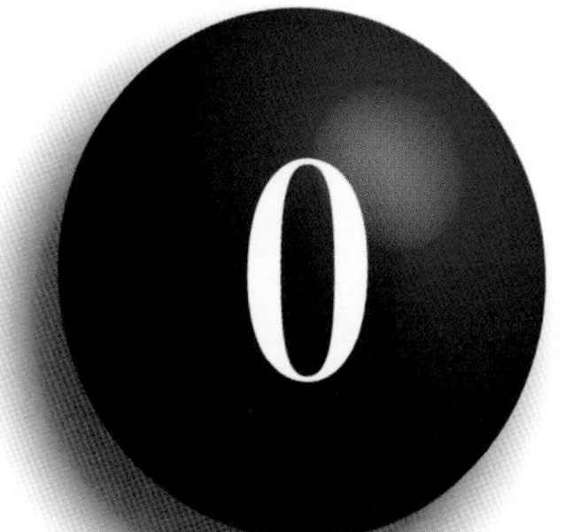

（絶対無限）

（相対有限）

絶対無限と相対有限が統合して初めて事物の進化・発展がある。

コンピュータ原理は０と１

コンピュータとは 1 生きている、0 死んでいる
真実は生死２つの極で成立している。

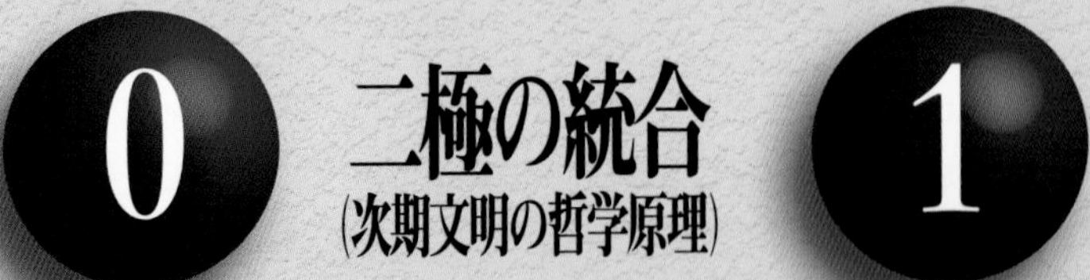

0 絶対無限＝生命・霊性・良心・死、
積極的なプラス思考＝歓喜・感謝・進化・発展が生命の特性。

1 相対有限＝肉体・煩悩・欲望・生、
消極的なマイナス思考＝怒り・憎しみ・退嬰・破滅が肉体の特性。

人間は肉体と生命、生と死。
コンピュータは１と０で出来ている。

肉体と生命は１と０。煩悩と霊性も１と０。人間の機能と特性は、このように１と０の二極が統合して成り立っている。これを忘れて生きるのは誤りだ。肉体・煩悩＝１だけで生きようとすれば、その特性、エゴイズムに毒されて自己中心的社会となり破滅する。周りから疎まれ嫌われる人間関係となる。コンピュータも１と０の複雑な組合せで成立し、計算だけでなく画像や音声も演算・記録・転送出来る。全ては１と０の電気信号の二極統合によって機能する。人類も自分の生命、０（霊性）と肉体、１（煩悩）の二極を統合して実は成立している。１と０、二極の深い関係と認識がいかに大切か、深く知らねばならぬ。

煩悩=相対有限= 1

どれ程実直で生真面目な人も煩悩はある。煩悩(欲望)とは、相対有限＝1である。理性・知性は煩悩＝1の最右翼でも、やはり相対有限＝1である。煩悩＝1には、破滅性（マイナスの方向性）がある。他人が見ていなければ、何でもやってしまう悪人性が潜む。真面目な善人でも悪人性がある。生きている限り、人間は善人・悪人の二極を持っている。この自覚を一人一人きちんと持っていないと人間のあるがままを弁証法的に認識しているとは言えない。

0と1、生と死、二極が統合して進化。

人間は死の水際まで二極の特性を持つのに現代資本主義社会は、0= 生命・霊性を無視して社会を機能させている。これはソクラテス孔子以来の天動説的哲学の誤りのままだ。生死の真実、二極を認識しない片面的見解の果が現代資本主義社会だ。資本主義社会は 1= 肉体・煩悩によるモノ・カネ主義。結果、肉体発の理性・知性も結果として機能せず、損得や名利（名誉や利得）が優先する。対外的に世の為人の為と言いながら実は自分や自分たちの欲望・利得を優先する。生命体・生死あるがまま、二極が認識出来ないから国家間の角逐、利害紛争が絶えない。根拠もなく自分を善人と思い込む。1= 肉体・煩悩・理性認識だけの結果だ。真実は 0= 生命・霊性・良心を認識してはじめて解決する。電脳と同じく二極統合、地動説的哲学に基づく思考でなければ問題は全て解決しないのだ。この0と1。そして絶対無限と相対有限の概念は、全てこれから未来に向かう人類にとって計り知れない財産になりうる。あるがまま真実の具体的な哲学こそ、人類の実用的道具なのだ。

メモリー

「欲」が全ての後進的な世界資本主義文明から日本文明へ

現在の世界資本主義体制は、資本という名の「主人公」が全てを支配する。故に資本を持たない大多数の意志は反映されない。資本主義体制は強者と弱者の中立性を持っていない。その体制下にある社会構造やシステムが資本による運営だからである。一般社会は民主主義という理性迄を限界とした有るべき姿を標榜しているに過ぎない。資本主義文明は、理性を限界とした偽物文明だ。故に、戦争も貧困も気象悪化も解決出来ない。資本が欲に基き利潤を求めれば平和さえも戦争に急変する。まして、政府・メディア・医療・教育・学術等の中立侵害は資本の前にわけもない。優れた次期文明とは、相対有限と絶対無限、生と死、自利と利他を統合した日本文明の華、二極統合思想で可能だ。ブルジョア思想が軽薄なのは、欲望に常に負ける理性を限界としているからだ。結果、弱者に対して酷薄で冷酷になる。利他か自利かは、弱者に対する対応に表れる。

東京と神奈川の境界を流れる境川にて

第４部
次の世界思想

「有限閉鎖空間」が日本文明そのもの

通信・航空で同質化の地球

つい100年前まで、我々の地球認識は無限開放空間と言えた。今、地球はまさに有限閉鎖空間である。SNSで瞬時に交信可能、航空手段の発達で誰もが安易に、より安価に海洋や大陸を飛び越えられる。しかし世界は資本主義文明下で権力者の多くは、大時代な「無限開放空間的」認識のままだ。発生する彼らの利己は、時空変化認識が伴っていない。有限閉鎖空間では、他者との利害が同質化する。自分がされて厭な事は、他者にとっても厭な事に彼らは気づいていない。「同質化」は、SNSの発達で貧富を超え情報を共有する。地球が有限閉鎖空間となった為だ。これは幕末まで有限閉鎖空間として機能していた日本文明と同一の空間に、21世紀、地球全体が突入した、という事だ。

「無限開放空間」認識は支配者自利の歴史。

現行文明は人類最後の自利文明。

地球環境は「有限閉鎖空間」である。

地球そのものが無限開放空間と認識された頃、武力を持つ者が、紀元前3世紀、秦の始皇帝や4世紀、アレキサンダー大王のようにユーラシア大陸を東へ西へ、領地拡大に奔走した。
15世紀から西洋列強は新たな領土を求め五大陸全てに、侵略の限りを尽くした。利他という言葉に何の意味もない時代だった。20世紀、資本主義は「戦争」そのものをビジネスにして巨利を得た。左右両翼の争いをビジネスに利用した。前世紀、後半から人類は、民衆が主権を持ち始めた。世界中にあった植民地は、それぞれ独立を果たした。21世紀、200近い国と独立地域が存在する。

21世紀からモバイルの進化は驚異的で、全地球の人々がその恩恵を受ける。ソフトとハードの発達は先が見えない速さだ。21世紀半ば、「シンギュラリティ」という人知に代わる技術進化が訪れる。まさに有限閉鎖空間は、何処までも縮小する。人類が初めて出会う「超有限閉鎖空間」だ。地域的な隣人だけでなく、地球の裏側の住民も隣人そのものになる。こうなると人間が人間を支配する為、300年来続いた誤魔化しのフェイク現体制は、歴史的に、消滅の他ない。まさに利己から利他へ、が現実化する。その暁にはバイオテクノロジーもAIもネットワークも全て全人類の利器になる。

1854年3月、伝ペーター・B.W.ハイネ、 ペリー提督　横浜上陸の図（部分）（横浜開港資料館所蔵）

空間認識の時代錯誤

体がついていけない程のスピードで、世界は有限閉鎖空間化が進行する。情報の伝播は早まるばかり。それは何を意味しているのか。「100年前の3年は、今の1週間」これは世間常識の変転で一般ニュースの場合、さらに早い。起きた事件やコメントが全地球に伝わるのは、瞬時だ。しかし問題がある。情報源とメディアを操作する国際金融資本やそれに従属する政権の存在だ。彼等が自由に情報の中身を捻じ曲げる、嘘や水増し、情報抹消、フェイク記録。権力が一般大衆に行うあの手この手の情報操作で、自らの延命策をはかる。それは何を機会に蟻の一穴で瓦解していくのか。人間の存在は肉体だけ、生命など科学で分からないから無い、といつまで言い張れるのか。

政権エゴ

政権が行う情報操作は、彼らの悪事や保身策が社会に漏洩する事を防ぐ手段だ。不正は何故ゴリ押し、何食わぬ顔が可能か。彼らの空間認識に問題がある。自分さえ自分達さえ良ければいい、と考えるのは、彼らの空間認識が「無限開放空間」のまま停止している為だ。既に地球は「有限閉鎖空間」で、リアルタイムに情報が伝わる。それを情報操作と「人の噂も 75 日」とする脳の記憶期限を悪用して、彼等の隠し事を国民に忘れさせる為だ。選挙民達にそのままずっと眠り続けていて欲しい為に、無難で面白い番組がメディアを覆う。又、相対的貧困の極限に大多数を追い込み、政治や社会に目を向ける時間的・精神的余裕を奪う。そうすれば彼ら属国政権側の幸福は保証される。

利他社会へ

世界のあるがままは「有限閉鎖空間」だ。そこで当たり前になるのは、自分だけ自分達だけ（利己)、の幸せでなく、共に認め合い傷つけ合わない豊かな利他社会だ。その為にどうしたら良いか。誰もが（勿論、権力者も）他人を不幸に陥れない。他人に嘘つかない。尊重し合う互恵の社会が必須だ。狭くなった「有限閉鎖空間」を、互いが快適に過ごす方法は他に無い。幕末までの日本の世界史的な実験、「264 年の江戸文明」から我々が学ぶべき事は多い。少なくとも維新後 77 年、戦争ばかりで一般庶民に滅茶苦茶な犠牲と窮乏を強いてきた明治からの大日本帝国政権、その後の占領軍政策のままの属国政権のフェイクからどう脱出するか。二度の神殺しで失った跪くべきもの「絶対無限」をどう取り戻すか。その最短を行かねばもう後がない。

左上の図版の現状

梅原猛は
伝統仏教に着目。

哲学は俯瞰の学問

西洋哲学の成果物である資本主義文明は既に行き詰まっている。最大の理由は人類の煩悩・欲望・エゴが理性による解決でお茶を濁しているからだ。長い間、ニーチェやハイデガー。プラトンやデカルトの２系統に傾倒してきた梅原猛は、西洋哲学に何か不足を感じていた。日本仏教哲学の第一波、草木国土悉皆成仏思想に接触したからだ。利己の哲学から利他の哲学へ劇的な転換は、ここから始まった。仏教が中国に伝わり、伝聞では一地方での食人習慣を饅頭に変えさせた様に、仏教の持つ絶対平等思想が西洋哲学では曖昧な事に気づいた。利己と利他、野蛮と洗練、その先に何があるのか。歴史的な哲学的転換をした梅原は、既にいないが哲学上、人類発展の大道に端緒を付けた。

西洋哲学の片面性に気づく

日本の哲学者 梅原猛

日本人 梅原猛の使命は、何だったのか。ソクラテス、プラトン以来の西洋哲学の最終版、資本主義文明の具体的欠陥に気づく。来たるべき人類哲学に不可欠なのは、人間の持つ煩悩・欲望・エゴを、どう制御したらよいか。一方の霊性・良心・利他を、どう機能させるか、を考えた。外来思想が怒涛の如く日本になだれ込んだ明治以降、日本の仏教哲学も、その影響を受けながら大変革を遂げた。清沢満之、中村天風、鈴木大拙、柳宗悦等により想像を超えて進化し、動きはその後も止まっていない。

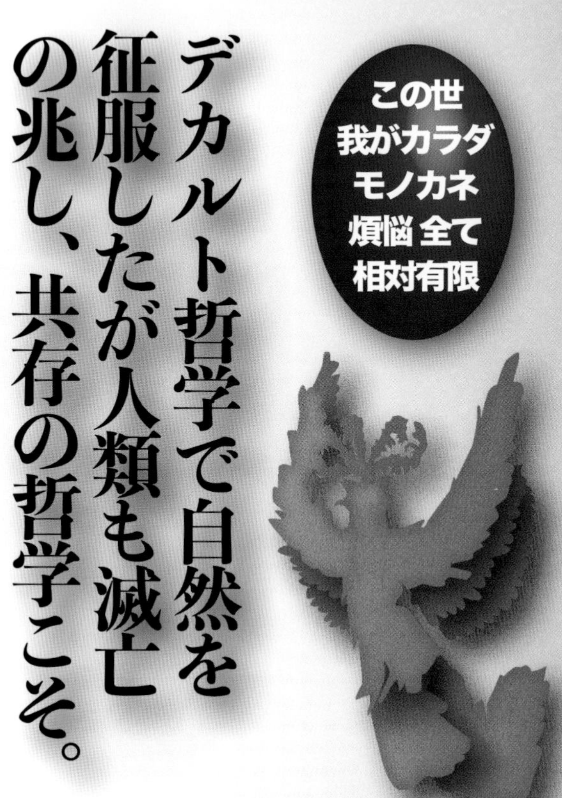

デカルト哲学で自然を
征服したが人類も滅亡
の兆し、共存の哲学こそ。
この世
我がカラダ
モノカネ
煩悩 全て
相対有限

権威主義的学統の縦割りから在野の思想家が、本質的に重大な思考を進化させる。それが新たな人類哲学となり人類・生態系に貢献する。鍵はエゴや排他性の無い霊性・良心・利他を「絶対無限」に内包する次期文明思想だ。

草木国土悉皆成仏

梅原猛は伝統仏教に着目。

奈良　華厳宗大本山 東大寺、正面（東大寺提供）

エゴからの脱出を哲学した梅原猛。

梅原猛は晩年、「人類哲学序説」及び「人類哲学へ」の中で自身の哲学遍歴を語っている。その前に、梅原は「反時代的密語」と題する随想をかなり長い間、朝日新聞に連載していた。他にも洛南高校付属中学で「梅原猛の授業」として仏教を中学生に講義したのをはじめ、親鸞について歎異抄や教行信証を基に何冊かの本を書いている。人生の後半を日本学と称する独自の歴史研究で、聖徳太子や法隆寺、はてはヤマトタケル伝説についても書き、西洋哲学者であった知識を背景に、シュメール文明と日本文明を対比したり、時空を自在に往復する発想は、西洋と東洋の文明を横断的に日本文明の深さを考える上で、決定的役割を果たし、世界的存在の魁となった。

その彼が西洋哲学に疑問を持ち、日本の仏教哲学に何故世界性を見出したのか、これが梅原猛の世界人としての面目といえるところだ。彼が亡くなる直前まで思索の中心だったと想像できる成果、「人類哲学へ」こそ、彼の眞情を吐露した最後の一冊だと言える。引用して梅原猛の想いを共有したい。

1 ‒デカルトへの「懐疑」

（前略）すなわちギリシャとユダヤの伝統のもとに立っていた哲学では、現代の人類のあり方、未来の人類のあり方を考えるのに、不完全ではないかとの疑問があります。人類哲学、真に人類の立場に立った哲学を、私がここで自国の文化的伝統の上に立って、語りたいと考えています。人類哲学を考えていくうえで、一つの起点になるのが「東日本大震災」です。地震や津波は天災でありますが、原子力発電所の事故は天災とは言えません。それは人災でもありますが、同時に私は「文明災」であると思います。（中略）
こうした点を考えますと、原発をエネルギーの中心としてきた現代文明を批判しなくてはなりません。近代文明の科学技術的なあり方を理論づけたのは、ルネ・デカルトであると思われますので、ルネ・デカルトも批判しなくてはならない。（後略）

40代後半まで西洋哲学の泰斗として知られていた梅原が、西洋哲学の根にある部分から葉先に至る思想まで、その全てに疑問をいだき始めたのは、彼の体に流れる日本人の遺伝子が何故か納得を拒んだ。それは理性に継ぐ理性、論理に継ぐ論理、その先にあるものに疑問を持ち、否定が芽生えた。偉大なる何者か、宗教で言う神・ホトケ。人間の力ではどうにもならない世界の存在を否定したのでは、説明できない世界に気づいたのだ。

奈良県飛鳥
蘇我入鹿　首塚

行き詰まった西洋文明について語った二人（左：アーノルド・J・トインビー、右：梅原猛）

二人は何を言ったのか。

梅原猛（大正 15 年生れ）はアーノルド・J・トインビー（明治 22 年生れ）ともう一人サミュエル・ハンチントン（昭和 2 年生れ）の両名に直接会った数少ない日本人哲学者だ。当然話の中身・質は同学同レベルになる。儀礼のない本質論となるのは必然だ。二人の学者が、行き詰まりを見せている資本主義文明の打開策に言及するのは、当然の帰結だ。以下、「人類哲学へ」の引用を続ける。

トインビー、ハンチントンとの対話から

（前略）西洋文明の世界支配は、一六世紀においてはまったく考えられなかった。いまやユー

ラシア大陸の西の果ての西洋が、科学技術文明を創造することによって世界を征服した。(中略）二〇世紀の末からは反作用が起きる、(中略）私は、四〇年前にトインビーと対談しました。トインビーのその話に接し、「それではどんな原理で新しい文明をつくったらよいのか」と聞きましたら、「それはお前が考えることだ」と一喝されたわけです。また、ハンチントンとも対談の機会がありました。(中略)「日本文明を世界の八大文明の一つにした（中略）しかしトインビーが言うように、(中略）日本の伝統に従って、新しい文明をつくり直さなければならないのではないか」と聞きました。ハンチントンは「そのとおりだ」と言い、「わしの生きている間に、そうした哲学をつくってほしい」と言われました。(中略）日本は、まさに西洋の科学技術文明をいち早く取り入れ、そして成功した国です。(中略)
言ってみれば、近代哲学は、すべて自我のまわりに世界が回っているような哲学ではないかと思います。これはむしろ、天動説と考えられるのではないかと。近代科学は天動説から地動説へと移ってきましたが、デカルトに始まる近代哲学は、人間の自我のまわりに世界が回っている、一種の天動説ではないかと思うのです（中略）こうした哲学を根本的に反省しない限り、世界は闇であり今後の人類の文明の原理は、決して生まれてはこないと思います。(後略)

梅原は、西洋文明の行き詰まりと東洋、特に日本文明の核、仏教思想を捉えていた。仏教の根本に利他思想がある。人間の霊性・良心は、理性・知性より優れている事にも梅原は気づいている。鈴木大拙は、それを「日本的霊性」として本にした。「日本的霊性」を梅原が、どう捉えたかは不明である。唯、あるがままを認識する事が地動説とすれば、「生命体」である人間が、肉体に生命が宿っている状態を生きている、と規定できるのだから、肉体の認識だけで、生命の存在を無視すれば天動説的人間認識になる。生命の無い肉体は死体である。にも関わらず、この問題が置き去りになっている。梅原の人類哲学はそこに何かを感じていた。生命とは何か、という問題だ。

東寺　五重塔
京都市

梅原猛は伝統仏教に着目。

横浜市　久保山墓地。 A級戦犯13人の遺体を荼毘にしたのは、このすぐ横の久保山火葬場だ。

梅原の「人類哲学序説」からの引用を続ける。

ハイデガーのデカルト批判

（前略）ハイデガーは、私と同様、デカルト哲学に対し、厳しい批判をしている哲学者です。それはデカルト哲学において、自我は主体、あるいは実体として存在する。そしてそれに対する世界は、「表象（Vorstellung）」として立てられている。（中略）このような哲学は、プラトンに始まるという。（中略）デカルトに始まりヘーゲルに終わる、このような理性の文明が西洋の文明、すなわち科学技術文明です。その西洋文明の伝統をハイデガーは厳しく批判する。そのような理性の立場に対して、ニーチェは意志の立場を立てる。ニーチェによれば超人は、理性にわずらわされることなく、強い力と意志をもって人間を支配する。ですから、デカルトやヘーゲルなどの哲学を、ニーチェは厳しく批判しているのですが、このニーチェの哲学をハイデガーは、実は理性というものの背後には意志、理性によって対象世界を支配しようとする意志が存在することを洞察したのが、ニーチェであると指摘する。つまり、近代哲学、理性哲学の秘密をあらわにしたのがニーチェ。しかし、そのような反理性的な意志の哲学は、たいへんにむなしいと言う。つまり理性の哲学の秘密を暴露しただけで、意志の哲学では人間は救われない。このようにプラトンからニーチェに至る西洋哲学を、ハイデガーは厳しく批判しているのです。（後略）

肉体（煩悩）と生命（霊性）の関係

脳科学で説明出来る理性・知性の判断が、人間の望む最適解か。その結論で人類は上手くいっているのか。否だ、理性を基盤とする西洋哲学（天動説的哲学）が導く政治は、戦争、貧困を解決出来ない。卑近な例だがダイエットを考えてこの一口がブタになる、と理性は言うが肉体の持つ欲望に負ける。理性の丈を出して性欲に負ける。人間は理性で制御出来ない。それは資本主義文明の大きな欠陥と符合する。理性・知性に最終判断を任せる事が、天動説的で西洋哲学だと、梅原猛は言う。では、地動説的哲学とは何だ。この重大な問に「生命」の本質、機能である仏教思想、霊性・良心・利他を「絶対無限」とし、肉体から発する煩悩・欲望・利己を「相対有限」とする。これが清沢満之の絶対無限と相対有限を基にした哲学だ。清沢曰く、「理性の本性が不完全である事、だから誰であれ理性にだけに頼るなら絶対無限の信念に行き着く事は出来ない」と言う。「絶対無限」とは何者か。清沢及び鈴木大拙、中村天風、柳宗悦、村上和雄等は等しく、それを「如来」「霊性」「いのち」「ホトケ」「サムシング・グレート」と言う。誰もが想定可能な「絶対無限」に関する本質的解答だ。

ハイデガー

梅原猛は伝統仏教に着目。

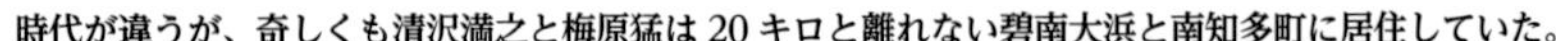
時代が違うが、奇しくも清沢満之と梅原猛は 20 キロと離れない碧南大浜と南知多町に居住していた。

梅原の「人類哲学へ」引用を続ける。

ヨーロッパにとってギリシャとは何か

(前略) ローマは皇帝コンスタンティヌスによってユダヤ教の異端と言うべきキリスト教を公認しました。そのローマの宗教を、近代ヨーロッパ諸国は受け継いでいます。そして中世において、キリスト教の教理を、ギリシャ哲学、プラトン、アリストテレスの哲学によって、合理化するスコラ哲学が隆盛しました。このようにして、西洋の古典研究はもっぱらヘブライの宗教、すなわちキリスト教と、ギリシャの哲学、すなわちプラトン、アリストテレスの哲学を研究することになります。インド文明や中国文明の古典、エジプト文明やメンボタミア文明の古典を研究する純粋な古典研究とは言えません。ニーチェやハイデガーも、深くこ

のような古典研究をした哲学者です。（中略）ギリシャの伝統を克服しない限り、二一世紀以後の人類の哲学になるべき、新しい思想の展望は開けないのではないでしょうか。

（中略）3－「草木国土悉皆成仏」の思想

おもに西洋哲学を研究したのですが、それ以後、日本研究に移りました。（中略）私は、哲学を諦めて日本を研究したのではない。西洋文明は行き詰まっている、それを打開する真理が日本の思想の中にあるのではないかという予感があり、日本文明を探究しようとしたのです。

「二極統合思想」助走

梅原猛の哲学遍歴は、草木国土悉皆成仏思想に行き、その先の人類哲学を考えていたと思う。幕末に生れ 40 歳で夭折した真宗の天才思想家 清沢満之は、西洋哲学の表現手法の影響も受け、真宗哲学の根幹を成す「煩悩」と「如来」の表現法を世界化し、哲学の東西に普遍化出来るものとした。明治 25 年、第一回世界宗教者会議（開催地シカゴ）に自ら英訳した論文「宗教哲学骸骨」を提出。これは、西洋と東洋が理解可能な哲学としての第一歩で、主テーマは仏教でいう「煩悩」を「相対有限」、同じく「如来」を「絶対無限」と表現したのだ。煩悩については、一般的で誰にでも分かる。問題は如来で、これは真宗的表現で、阿弥陀如来を指す。阿弥陀如来とは、インド古語で Amitabha、中国で音写され阿弥陀、つまり絶対無限の意だ。清沢が宗教哲学をこの二極に集約した功績は、後世の人類に計り知れない発展を不動にした事だ。その後、中村天風が自分の正体、又は本質を自分の「生命」と見抜いた事が、次の世界的な哲学の前進である。相対有限の「肉体」に対し、絶対無限を「生命」とした。

ニーチェ

草木国土悉皆成仏

梅原猛は伝統仏教に着目。

紀伊半島南岸より入る熊野路から高野山へ続く尾根道から見える遥かなる山並み

梅原猛の学んだ西洋哲学は、西田幾多郎の「善の研究」や中村元の哲学を経て、晩年の教行信証研究へ繋がる。「人類哲学へ」引用をもう少し続けよう。

天台本覚思想

（前略）一〇年ほど前、「草木国土悉皆成仏」という思想が、日本文化の本質を成すものではないかと考えるに至りました。「草木国土悉皆成仏」は、「天台本覚思想」を端的に表す言葉です。（中略）「草木国土悉皆成仏」は天台宗と真言宗の統合で生まれた思想です。しかも、鎌倉新仏教、法然・親鸞の浄土仏教、栄西・道元の禅仏教、および日蓮の法華仏教、このような仏教の共通の前提になっているのです。（中略）まさに日本仏教の共通の思想ということになるわけです。

山も川も生きている

日本仏教の「草木国土悉皆成仏」という思想は、インド仏教にはないものです。中国仏教においては、天台仏教などには道教の影響でそのような思想はありますが、中国仏教の主流とはなりませんでした。ところが、仏教が日本へ移入されて、「草木国土悉皆成仏」という思想を生んで、それが日本仏教の主流となった。（中略）やはり動物ばかりか、山や川も生きているという考えは、日本の基層文化である縄文文化の思想ではないかと思います。私は縄文文化を継承しているのは、アイヌ文化だと思います。（後略）（梅原猛「人類哲学へ」本文２頁～32頁より抜粋）

日本発の人類哲学。

梅原猛による西洋哲学の具体的研究が有り、現実の問題解決に通用しないデカルト、ハイデガー、ニーチェに現代資本主義文明の哲学的行き詰まりがある。この問題をどう解決するか。極東、日本は地政学的に世界文明の終着地である。日本人がその先を考える責任を果たさねばならない。その上、国連で問題になっているサスティナブル、SDGs 等を含めた未来への方向性が本来伝統的で、日本文明こそ人類哲学を生み出すべき縄文以来の歴史的背景を背負っている。従来の西洋哲学を呑み込んで昇華し、新たな人類哲学創草は日本発の他無い。梅原の論理はいささかも、重要部分にブレは無い。晩年、親鸞思想に深く着目し、彼は歎異抄について出版している。人間の肉体（脳を含む）を本質とする西洋哲学、その傘下としての自然科学・社会科学は、いくら発展しても文明の行き詰まりを示す戦争・核兵器・貧困格差超拡大・地球環境悪化をどうにも出来ない。21 世紀が四分の一過ぎようとする現在､世界的に重大な局面打開はこの国の「日本文明」の先端「二極統合思想」に掛かる。

梅原猛著
人類哲学へ

仏教哲学の世界化と具体化。

廃藩置県で斜陽し真宗寺院に入寺

元々武士の徳永家から真宗教団に見いだされ、8歳から英語学校に学び、10歳で外国人教師の通訳を務めたという。真宗大谷派から東京帝大に派遣。同門は後の文部大臣二人、東京帝国大学学長。京都帝国大学総長を伍して首席。京大総長だった沢柳政太郎（後に成城学園創立）とは特に仲良く、清沢は「親友とは何か」の一文を残して「親友」を規定している。「絶対無限」を信憑している者同士は、身分立場を超えて親友同士であると。この意味は大変深い。そもそも「絶対無限」を信憑するとは、どんな事かすら、にわかに理解し難いが、この問題についての考察が清沢の生涯を貫いた「如来」＝「絶対無限」。そして「煩悩」＝「相対有限」というあるがまま二極のテーマだった。

早世の天才　清沢満之の「The Skeleton of Philosophy Religion」

この世 及び肉体、煩悩は「相対有限」
あの世 及び生命、如来は「絶対無限」

「宗教哲学骸骨」の主題は相対有限と絶対無限

「相対有限」と「絶対無限」という表現は、仏教思想の根幹だ。この世とあの世。煩悩と霊性。欲望と良心。戦争と平和。カラダとイノチ。自利と利他。どれも、典型的二極だ。次期世界文明の成否を決める重大キーワードだ。これが人類の「明」と「暗」の分水嶺であり、統合点だ。

親鸞が中心に据えているテーマ、それは「南無不可思議光如来と煩悩熾盛」の二つ。これを清沢が西洋哲学的表現に置き換えたのが、「絶対無限」と「相対有限」だ。人類最大のテーマ、「肉体」と「生命」。「生」と「死」。肉体の特性「煩悩」と生命の特性「霊性」。清沢はこの二極に切り込んだ。

日本文明は聖徳太子以来「和＝戦争をしない」だった。ところが欧米思想に基づく明治政権からは、これに真反対の政策をとった。

宗教哲学骸骨

仏教哲学の世界化と具体化。

清沢満之終焉の地　中央奥に小さく見える西方寺。この道を幾度往復したのだろう。

「宗教哲学骸骨」の先進性

明治 25 年（1893 年）、米国シカゴで第 1 回世界宗教者会議が開催された。日本から真宗の清沢満之が自ら英訳し「The Skeleton of a Philosophy of Religion」（宗教哲学骸骨）を同会議に提出。論文の主題は「相対有限」と「絶対無限」だ。例えば、肉体は「相対有限」。生命は「絶対無限」。肉体の持つ煩悩は「相対有限」。生命の持つ霊性は「絶対無限」。この世は「相対有限」。あの世は「絶対無限」。というように、生と死も「相対有限」と「絶対無限」の二極に範疇が分かれる。分かりづらいが比較すれば解かる。私達が生きているのは、肉体に生命が宿っている「生存の期間」だけである。つまり「相対有限」の状態限定だ。肉体から死体へ、生命が肉体から離れると「絶対無限」のみの状態になる。

「生命体」について。

宗教哲学骸骨は、「生得的に自分のなかに、宗教とよばれるものをよびおこす能力または傾きをわれわれはもっている。」（今村仁司　編訳　清沢満之語録　2005年　岩波現代文庫　5頁）という序論。宗教と科学 から始まる本文の中で、彼は哲学的な宗教の分析を試みている。例えば、本文中に「宗教とは相対存在（**相対有限**）と絶対者（**絶対無限**）との統一である。 宗教とは様態（**相対有限**）と実体（**絶対無限**）との統一である。 宗教とは生きとし生けるもの（**肉体**）とブッダ（**生命**）との統一である」とも言っている。科学は相対有限、宗教は絶対無限。と分野を二極に分けている。ここまでの文章に日本文明の、いや次期世界文明の基礎になる考え方が潜んでいる。

これは訳の分からぬ論文か？

一見歯が立たないかに見える論文の出だしに宗教（仏教）に対する哲学的見解が述べられている。人間は「生命」と「肉体」が、合体して「生命体」としてこの世に存在している。つまり、存命中は「生命」と「肉体」が統合されている状態。「生命」には絶対無限性が有り、肉体には相対有限性の他無い。自分の正体は「生命」（絶対無限）で、その生命が宿る「肉体」（相対有限）はこの世限りのものである。「自分の真の正体とは生命」とする中村天風思想が清沢理論の理解を助ける。自分探しの究極が自分の「生命」と気づかないまま死んでゆく人がいる。「生命が絶対無限」で「肉体は相対有限」。そこで肉体の死は必然。「生命体」とは、生命が肉体に統合されている限定期間の状態。以上、清沢の「宗教哲学骸骨」の主論は「絶対無限」と「相対有限」、二極だ。

西方寺、斜め前方から

清沢満之が住職をしていた元々由緒ある西方寺 山門、斜め前方より

「死」を曖昧にして生きるな。

「肉体」はやがて「死体」になる。肉体の寿命には限りがある。しかし戦後GHQの「科学以外は信じるな教育」によって一般人は五感と脳で確認出来るもの以外信用しなくなった。つまり「肉体」が相対有限なのはわかる。しかし「死」という現実は「生命」が「肉体」から離れても存在する「絶対無限」の状態とは信じられない。その為「生命が無限」と思わない。「死」はこの世で唯一の「絶対無限」だ。「死後は何も無い」「死後は有る」どう思っても、絶対無限な「死」は厳存する。肉体にとって一度死ねば二度と復元しない絶対無限なもの。「死」は、それ程どうにもならない。この世との決別であり、絶対無限によみがえらない。「生」有るものの「死」、それは一度きりない「絶対無限」といえる。

絶対無限と相対有限が全てを構成。

冒頭のタイトルに戻って話を進めよう。清沢満之は、生まれる前と誕生から死、そして死後の世界まで、その全ては「絶対無限」、つまり生命は貫通して存在する、と考える。その間、肉体の誕生から臨終まで人間の生涯は「相対有限」と捉える。肉体の誕生から死までを「相対有限」、誕生前、と死後は「絶対無限」、と規定する。また、その考え方を宇宙にも適用して宇宙の生れる前と宇宙誕生。ビッグバン、インフレーションが起きて宇宙の拡大そして終焉。その後の何もない宇宙まで、貫通して宇宙の生命を「絶対無限」と捉え、宇宙創生から終焉までの物理的存在期間を「相対有限」と論理づける。今の時点で表現可能な事は、ここまでだ。小書の発行後の何年か先、きっとその先を発展させる人が現れる事を希う。

日本人の先見性。

「宗教哲学骸骨」の中で、清沢満之は「絶対無限」と「相対有限」について、様々な解説をする。難解さは増すが、怯まず彼の論文を読み進めよう。西洋哲学の論述方法をショウペンハウアーやフィヒテ、そしてヘーゲルらの表現を使い仏教の根本思想を西洋哲学的手法で言い表している。いずれ世界資本主義とその思想の終焉が予想される今、科学（相対有限）と宗教（絶対無限）の統合を試みる、という世界的課題に肉薄せねばならない。絶対無限の認識が無いまま、相対有限の理性までを限界とする資本主義思想は、もうひとつのファクター、生命（絶対無限）の存在を除外してしまっている。あるがままを見ていない資本主義文明の片面性は戦争・貧困格差拡大・地球環境悪化が解決出来ない行き止まりの予測を既に彼は論理立てていた。

清沢満之

「相対有限」とは何だ。

難しい表現に
深い意味。

人間は必ず死ぬ。つまり「相対有限」だ。人間に肉体があり、その本質、煩悩（欲望）がある。煩悩は、酷い利己で傍若無人、自分の都合ばかり優先し情けない程損得を考える。他を顧みず始末が悪い。これが「相対有限」だ。肉体は煩悩（欲望）を発生する。人間は、煩悩の螺旋から息絶えるまで逃れられない。煩悩（欲望）の深き谷間でのたうち回り、死の水際を迎える。この世全体、目に見えるモノカネ、全て「相対有限」である。我々人間は、生まれて死ぬまで「相対有限」づくしで暮らす。「絶対無限」の生命・仏の存在を知らなければの話だ。資本主義下、そういう人達のなんと多い事だろう。悲しいかな。理性・知性の「相対有限」ではどうにもならない。本当に役に立つのは生命の持つ霊性、「絶対無限」の力だ。

西洋哲学破綻

新たな「二極統合思想」

相対的で有限な、肉体。
絶対的で無限な、生命。

親鸞が問題にした事、それは肉体がある限り煩悩は、肉体から離れない。仏教で十悪・五逆、と言われる程、手強い煩悩。いわば煩悩は悪の化身でもある。唯、煩悩の中で食欲・性欲が無ければ人間は死んでしまい絶えてしまう。一方で打算や怒り・憎しみ・蔑み・妬みの煩悩は全く不要だ。これら全ての煩悩を、清沢は「相対有限」と表現する。どんなに辛くても、この煩悩を引きずって生きるのが人間だ。この相対有限の煩悩。何か対策はないものか。有る。絶対無限の助けだ。

相対有限とは？

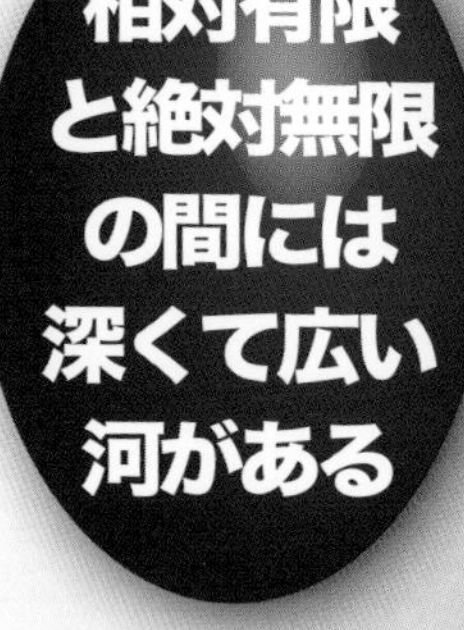

相対有限
と絶対無限
の間には
深くて広い
河がある

神仏・自分の生命・宇宙の大いなる生命、これらは「絶対無限」だ。生きている人間の肉体は「相対有限」、生命は「絶対無限」の二つで出来ている。生命の特徴（霊性・良心）これが清沢のもう一極、「絶対無限」の特性である。「絶対無限」と「相対有限」究極は宗教と科学それぞれに当てはまる。

The Skeleton of Philosophy Religion

相対有限とは？

「相対有限」とは何だ。

小田切瑞穂が晩年乗降していた横浜線 長津田駅の現在

絶対無限・相対有限に至る経緯。

清沢満之の「宗教哲学骸骨」、他、一連の著作が無ければ、そして中村天風述「成功の実現」に連なる四作、又、鈴木大拙「日本的霊性」、柳宗悦「南無阿弥陀仏」、そして小田切瑞穂「科学解脱」が無ければ、最後に梅原猛の「人類哲学へ」に至る一連の著作、それらの到達点無くして「二極統合思想」は、生れなかった。何よりも、この国固有の縄文文化1万年、6世紀聖徳太子による仏教国教化、17条憲法。その後の本覚思想による神仏習合と草木国土悉皆成仏思想、そして鎌倉時代初期、法然・親鸞による如来と煩悩の明確化。徳川家康による浄土仏教を底流に持つ江戸300年の世界的社会実験。それら全てを覆す明治政権。このドンデン返しを乗り越える日本文明の生命力が無かったら日本文明は無い。

資本主義文明は瀕死

ソクラテス、プラトン以来の西洋哲学に基く人間至上主義思想は、産業革命以後、資本主義の持つ弱肉強食の矛盾がマルクス主義を生み出し、派生する対抗思想となった金融寡頭制の生み出す戦争経済活性化のファシズム台頭で、左右両翼の血を血で洗う 20 世紀は、第一次・第二次世界大戦を経験し、人類史上に最悪、2 億人の戦争犠牲者を出した。21 世紀に入り、理性の資本主義文明はさらに弱肉強食を強化した新自由主義が、行政・教育・メディアの社会的存在理由を劣化させた。金融資本を後ろ盾に持ったネオナチが世界的に台頭し、より悲惨な大量殺戮戦争を煽る。理性ではこの際限ないエゴイズムスパイラルをどうにも出来ない。新自由主義による矛盾、地球環境火星化で、人類を含めた生態系の壊滅は既に視界内だ。

世界の頭脳は既に気づいている。

日本文明の基礎は、1400 年来、聖徳太子の仏教思想だ。前述の通り、サミュエル・ハンチントンの「文明の衝突」は、世界八大文明の中の日本文明を他の七大文明と区別している。それは日本文明のみが他の七大文明と違い、一国家、一言語で成立している文明の特異性だ。(他の文明は二国間以上で成り立っている)又、ユヴァル・ノア・ハラリの第三弾「21 レッスンズ」の中で生き残る文明は一つしかない、と彼は言う。ブッディストの彼が、次の文明に何をイメージしているか、アーノルド・トインビーの如く答えを濁している。しかし、彼らの結論は、理性だけでは、資本主義の次の文明思想は、相対有限の極と絶対無限の極、霊性・良心を活かした東洋思想にある事を暗示している。

柳宗悦 著　南無阿弥陀仏
岩波文庫

西方寺間近、大浜。この橋は清沢満之存命中には無かったが、美しい海はそのまま。対岸は知多半島

何故 絶対無限と相対有限か。

「問題は常に具体的である」は、レーニンの言葉だ。彼が共産主義者でありながら「我々の究極の目的は生命の保全とその発展にある」とも言っている。これは本来、究極の弱者救済について深い思索があった証左として、記憶されるべきだ。他の生態系を省みる余裕がない人間至上主義の三兄弟、資本主義・軍国主義・全体主義は、エゴ中心の主義・主張だ。現在、この嵐の中、人類の船は難破の危機に瀕している。日本の伝統仏教は、相対有限の自由・平等・博愛でなく、絶対無限のそれを「親鸞一人が為」という表現で、人間と他の生態系全ての無義・無碍の平等・自由・博愛（慈悲）を750年前、日本で既に明文化されていた。その親鸞思想を西洋哲学的表現で進化させたのが、幕末生れの清沢

満之「宗教哲学骸骨」の主テーマ「絶対無限」と「相対有限」の二極だ。

絶対無限と相対有限の具体性。

「問題は常に具体的である」は、鈴木大拙が「日本的霊性」の中で、「大地はごまかしを嫌う。一人は米を食べる人、いま一人は米を作る人、食べる人は抽象的になりやすく、作る人はいつも具体の事実に即して生きる。霊性は具体の事実にその糧を求めるのである。」(「日本的霊性」131 頁より引用) と言っている。具体的な稲の成長も農作業も知らぬ者にその具体的な問題解決を要求をしても所詮無理な話だ。日本的霊性が最も重視するのは、「問題は常に具体的である」という思想だ。世の中の主な事物を観ると、絶対無限と相対有限に峻別される。自分の中の見えない「生命」はこの目で見えずとも、絶対無限の存在として具体的に厳然と存在するから私達は生きていられる。この重量感を問題に出来るのは、この国に伝統仏教思想があればこそだ。

絶対無限と相対有限、二極。

絶対無限、相対有限の二極は、まず生命と肉体、生と死、霊性と煩悩、そして宗教と科学だ。他にも善と悪、あの世とこの世、真と偽、美と醜、発展と破滅、進化と退嬰、等、いくらでもある。その絶対無限と相対有限の中、今世紀になって解決せねばならない二極に「宗教と科学」がある。それを人類に有益なものとする古くて新しい文明思想の前衛、二極統合思想は、清沢満之の「宗教哲学骸骨」を発展させ、サスティナブルな道を思想立てる。社会的な病巣である資本主義、負の副生物を人類史から永遠に葬り、人類と生態系の進化発展へ、希望の思想だ。

清沢満之の寺 西方寺
愛知県碧南市

「絶対無限」とは何か。

絶対無限の存在を
認識出来るのが人間。

煩悩「相対有限」が強すぎて人は畜生にも劣る事をする。人間の煩悩（欲望･自己中）とは、それ程、熾烈なものだ。ならば人間の生命の持つ絶対無限（霊性・良心）は、煩悩（欲望・自己中）相対有限を凌駕出来るのか。自分の中の絶対無限、生命は、どうなんだ。途方に暮れる災難に遭遇して人は「神も仏もあるものか」と嘆く。まさに考え方の岐路だ。人一人、生きようが死のうが「絶対無限」は確存する。自分の本質である生命は宇宙と一体であるという太い繋がり意識で、その意識が「絶対無限」を認証し信憑させる、のだ。自分の生命、そして他人の生命、生きとし生けるものの生命。それら全てが持つ生命の特性は「絶対無限」で、無義・無礙な真・善・美の追求であり、完全無欠、全てに優先する最上位概念だ。

絶対無限、本質は生命 霊性 良心。

知性理性で煩悩欲望は制御不能
戦争・貧困は無くならない。

われわれの現在の意識、又はものの見方は、完全な状態での意識やものの見方から極めて遠い。この巨大な差異は時間関係の面では無限の持続期間として、空間関係の面では無限の場所の隔たりとして表現される。（というのは数学的にいえば、無限と有限量との差異は無限であり、記号を使えば、∞－a=∞ であるから。）清沢満之語録 宗教哲学骸骨 61 頁より

「相対有限」の範疇、知性・理性に頼った末、資本主義社会は戦争も貧困も止まらない。それ程、煩悩・欲望という名の「相対有限」は強い。それ程、人間の煩悩が持つ自己中心性、エゴは強烈だ。これに対抗出来るものは唯一、宇宙生命が本来持つ絶対無限（霊性）で、その信憑である。

「絶対無限」を我がものとする方法はあるのか。自分の中に存在する生命・如来（仏の最高位）の存在を認める。生命・如来の特性が霊性・良心そのものだ。つまり「絶対無限」の存在、宇宙生命の存在、自分の生命・如来の存在を心底信憑する。この他に名も利も知も学も不要だ。

清沢満之の西方寺への直近アクセス　名鉄三河線碧南駅にて

生死一如

生死一如とは、「生命の絶対無限」と「肉体の相対有限」の併存を意味している。生きてる状態、肉体を持っている「生命体」とは、「絶対無限」と「相対有限」の統合されたもの。肉体が生存している間だけ「相対有限」でありながら、生命は「絶対無限」。とすれば生存中の生命は自分の中の「絶対無限」である。生命は肉体の死を迎えても宇宙の大いなる意識（宇宙生命）に戻るだけで、肉体だけが終焉し死をむかえる。進化した日本伝統仏教では、自分の中の煩悩と霊性、この二律背反の統合を深く求める。霊性の源泉である「絶対無限」＝他力＝ブッダ＝生命、が自分の肉体に同居している事に限りない喜びと感謝がある。人間の肉体は、煩悩を持っているがそれで良い。そのような自分の毎日に深い慚愧

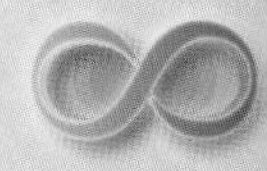

を味わいながら、自分の肉体に生命が宿っている事に限りない歓喜を味わって生きる。自分の生命はブッダと同一の無限の慈悲と智慧と能力を持っているのだから、それに頼り切って、唯、感謝・歓喜して生きれば良い。だから、進化した日本伝統仏教を信憑する者は謙虚に、しかし、力強く人間として生かされている理由を認識し、世界の進歩と改善のために全力を尽くして生きよう。清沢満之は、「宗教哲学骸骨」の中で以下の様に述べている。

理性と信念の関係

（前略）理性の本性が不完全であること、すなわち理性はどれだけ命題を連ねても不完全であり、ひとつの命題は他の命題に際限なく（ad infinitum）結びついていたり依存したりすることを銘記しなくてはならない。だから誰であれ理性だけに頼るなら、宗教的信念という堅固な安住の場所に至りつくことはできないだろう。理性に特有のこの特質は科学的真理の探求者にとってひとつの警告になるかもしれない。なぜＡが存在するのか。Ｂが存在するからである。ではなぜＣが存在するのか。Ｄが存在するからである……。こうして際限なく続く。これが証明や論拠の連鎖である。理性は停止し休止することはけっしてできない。もし理性がどこかの地点で停止し休止するなら、これがちょうど信念の地点であるに違いない。かくて理性は究極的にはその基礎づけのために信念に依存しなくてはならない。とはいえ多くの対立しあう命題がある場合、基本的な信念と調和する命題が選択されなくてはならないし、基本的な信念と対立する命題は拒否されなくてはならない。このように、選択と調整は理性の本来の機能であり、それは宗教的命題に関してだけでなく、科学と知識のすべての命題に関してもそうである。事情がこのとおりであるなら、われわれは結論としてつぎのようにいいたい－信念と理性はつねに互いに助けあうべきであり、けっして互いに対立しあうことはできない、と。（岩波現代文庫　今村仁司 編訳「清沢満之語録」　８頁より抜粋）

清沢満之の西方寺
真近の大浜海岸にて

「絶対無限」とは何か。

歎異抄　唯円の道場跡。水戸市河和田町（報佛寺提供）

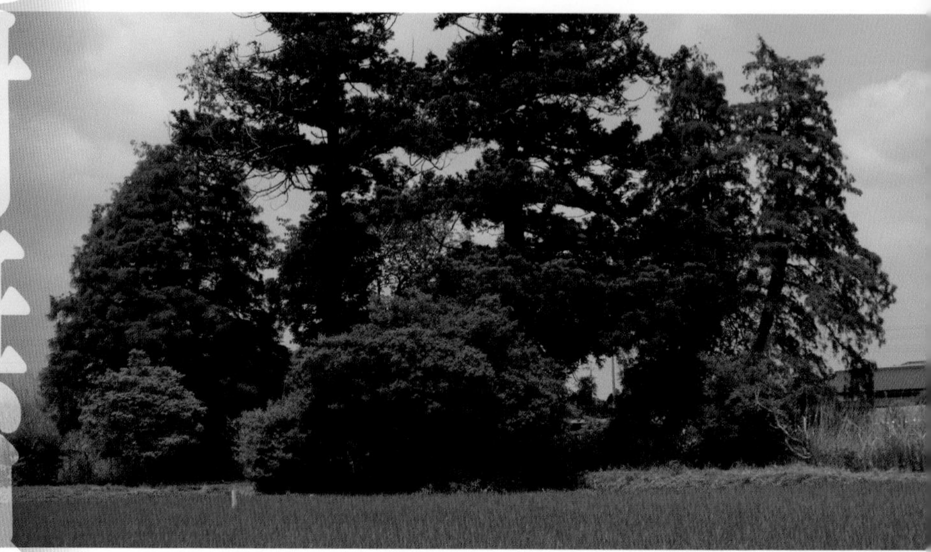

「絶対無限」と「相対有限」認識の出発。

肉体と生命は、生存中は不可分のもの。但し、生命（絶対無限）を、肉体（相対有限）の意識が確信するに至った時、人間は自分の霊性に直覚する。清沢満之言うところの我が信念を持つに至る。唯、肉体は何処までも有限で、生命は何処までも無限である。この問題について再び清沢論文を引用してみよう。

第二章　有限と無限

一　有限と無限

有限と無限は遠い昔から思想の二つの項目であった。両者の関係はまだ説明され尽くしてい

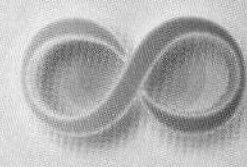

るとはいえないが、それでも両項が互いに分離できない関係をもっていることはとうてい否定できない。（中略）したがって宇宙のあらゆる事物は有限である。しかし宇宙全体についてはどうであろうか。それは無限でなくてはならない。というのは、何ものも宇宙を限定するものが宇宙の外部には実在しないからである。

二　依存と独立

有限なるのは何であれ有限である。なぜならそれは、それ以外に他の有限物をもっており、それによって限定されるからである。例えば、ＡはＢによって限定されるがゆえに有限であり、ＢはＡによって限定されるがゆえに有限である。だからあらゆる有限者は、その有限性のゆえに他の有限者に依存する。したがってすべての有限者は依存者である。しかし無限は、それを限定するものを要しないから、独立者である。

三　絶対と相対

有限であること、あるいは依存は、二つの事物の間の関係である。だから有限的または依存的なものはどれでも相対的なものである。しかし他方で、無限なものまたは独立的なものは他の事物との関係をもたない。したがってそれは絶対的なものである。

四　一と多

無限は、それとの同類をもたないのだから、一者である。これに対して有限者は数多くあるから、多者である。われわれは一者と単位を区別する。有限なものはどれも単位である。数々の単位を集計したものが一者である。

五　全体と部分

一者は全体であり、単位は〔一者の〕部分である。諸部分の集計は全体を作る。それは諸単位の集計が一者を作るのと同じである。

六　完全と不完全

全体は完全であり、部分は不完全である。それゆえ無限は完全であり、有限は不完全である。

（岩波現代文庫　今村仁司 編訳「清沢満之語録」 16・17・18頁より抜粋）

西方寺間近の海
愛知県碧南市

目からウロコ。「本当の自分」

清沢満之誕生から14年、明治9年。

北九州柳川藩主一門出身で、北区王子生まれの中村三郎（後に天風と称す）は、寺と無関係である。幼少期、彼が育った大蔵省紙幣寮官舎に居たお雇い英国人夫婦に愛され英会話を体得した。本人曰く、「007の様に格好良くない軍事探偵」として満州東北部で活動。30歳、奔馬性肺結核にかかり、死に直面する。米国・欧州に治療を求めたが結局失意の末、帰国途上エジプト アレキサンドリア港で出会ったインド人ヨガ大聖人のもとで3年修行、結核が完治。修行中、師の示唆で自分の正体が「生命」である事に気づかされる。「肉体」は従的なもの、「心」はその両方の代弁機能と悟る。この三つを大悟した天風は、後に天風会を組織、東郷元帥や松下幸之助らを弟子に持ち、最盛時会員は百万人を超えた。

本質に触れる大問題

自分探し、最終解答

昭和 43 年、帰霊まで「生命」(いのち)と「肉体」(からだ)「精神」(こころ)三つの関係について全国で公演。門下は原敬首相、山本五十六元帥、横綱 双葉山、小説家 大佛次郎、石川素童禅師、合気道植芝吉祥丸もいる。彼の気づきは日本文明の基底、伝統仏教における「神仏」と「生命」の本質が全く同じと見抜いた功績は余りに大きい。この分析は人類の未来に計り知れない発展を約束した。

天風が肉体の本質は煩悩、生命の本質は霊性、と明確化した。自分を構成する肉体・生命・心、三つの関係と本質が明らかになり、伝統仏教がこの三機能で弁証法的に説明可能となった。仏教伝来後曖昧だった「肉体」の本質が「煩悩」。「生命」の本質が「霊性」。と分析した彼の功績は余りに大きい。

自分の正体。それは「生命」

日本文明の主柱、日本伝統仏教。それを強固にした天風思想。人間一人一人が持っている「生命」の特性「霊性」(ほとけの性)と「肉体」の特性「煩悩」が明らかになった。肉体・生命二極の統合社会を創る事で日本文明の仏教は貧困・戦争・地球環境悪化を世界から消滅させる目処が立った。

自分の正体は生命

ネパールから見たヒマラヤ山脈

「理性」で戦争と貧困は無くならない。

理性のありったけを出しても人は食欲や性欲に負ける。まして狡猾な利益追求の国際金融資本による戦争画策など、理性で防ぎようがない。大事な時に理性は働かない。理性は絶対性が無く、あくまで相対的で有限な存在に過ぎない。人間の本質は「生命」で、理性ではない。霊性・良心・ホトケゴコロがあるのは人間が「生命」を我が「肉体」に併存しているからだ。この重大な見解が人類にまだ定着していない。自分の本質が生命で、その特性は霊性・良心・ホトケゴコロ、絶対無限という永遠性を持つ。人間が持っている本当の生命力とは、文字通り「生きている命の力」だ。これに頼らず「理性」に全てを任せた危険な道を人類社会は今日まで穴だらけのまま歩んできたのだ。

「自分」は何者か、を知らねばならない。

「汝自身を知れ」とソクラテスが言って２４００年。人類は、自分の正体は何か、考えてきた形跡はあるが自分が誰だか分からない。自分が何者か分からない。つまり究極の自分探しの答えが見つからないまま２４００年が経つ。日本人、中村天風はこの自分探しの最終回答に到達した。もっともラジャヨガでは、遥か昔から文字に記されていないが分かっていたらしい。中村天風は１９１１年大聖者のヨギ、カリアッパ師にカイロで出会い、そのままヒマラヤの高峰カンチェンジュンガ麓のゴーグ村に付き従って行った。そこで２年数ヶ月、師に従った修行の過程で自分の本質、自分の正体、つまり自分とは何者か、を気付かされる。自分探しの最終回答、自分の正体とは「自分が持っている自分の生命（いのち）である」と。これは一見何でも無い様に受け取れる。しかしながら自分の本当の正体は、自分の生命（いのち）と、本当に理解する事は、文字通り革命的な自分探しの最終答なのだ。

「霊性」と「理性」の違い。

理性ではどうにもならない問題解決能力が生命（いのち）にはあった。それは発生源が人間の脳から発する理性、つまり相対有限な「肉体」の一部（脳）が発生源の理性。対して「肉体」に「生命」を吹き込む絶対無限性を持つ「生命」（いのち）が発生源の「霊性・良心・ホトケゴコロ」では比べるべくもない。絶対の無限差があるのは誰にも分かる。この「自分の本質」を明らかにした事は人類社会にとって決定的な進化発展を保証する。但し、理性は理性なりに知性を用いて霊性に至る直前まで、道案内する役割がある。

ネパール
カトマンズにて

自分の正体は生命

現在のネパール カトマンズ 点景

「自分」とは何者か。

何かのきっかけで人は皆、自分探しの旅に出る。誰でも自分の正体とは一体何か、興味の無い人はいないだろう。自分の体が自分だと思っている人は、非常に多い。また、自分の心が自分そのものと思っている人も多い。だから、本当の自分が自分の「生命」だ、などと言う人は、いないのが現実ではないか。中村天風が非凡なのは、自分の正体が「肉体」でも「心」でもなく、自分の「生命」である事を正確に掴んだ故だ。カリアッパ師に遭遇する運も手伝ったが、彼の人生は、何の為に生きているのか、何をしにこの世に生れてきたか、その方向探しの「生命の旅」でもあった。文字通り苦心惨憺、生命を賭けた結果、この明快な回答に到達した。「成功の実現」から、その部分を引用しよう。

辿り着いた本当の「自分」。

（前略）ある朝、熱があって、前の晩に痰の中に少し血もまざっておったんで、「きょうはひとつ、山行きの取り止めをお許し願いたいんですけども」 と言ったら、カリアッパ師が、「なぜ？」「頭が重くて熱があるようです」 「だれが？」「私でございます」「お前が頭が痛くて熱があるの」「へえ」「ほう。お前、頭があるの？」「へえ、ございます」「あ、それお前？」「へえ」「お前はそれ？」「へえ」「ふうん。そういう考えしてるから、お前はいつまでたってもその病が治らないんだなあ」「これ、私じゃないんですか」。「さあね、それがお前だと考えているかぎりは、お前はほんとうのお前を知らないことになるなあ」「けど、おかしいな。どうもこれは私のようですがなあ」「私のようだから、お前か」「だけど、私、お叱りを受けるか知らないけど、ずいぶん今まで、学問もしましたし、それから仏教もヤソ教も、フイフイ教もやりましたけど、これが私だということをだれもまちがってると言いません」「だれもまちがってると言わなかったら、まちがいは正当になるかい、え？　いやさ、だれもまちがっていないと言ったら、それがまちがいでも、それが正当になるかって言うんだ」「いや、それは、まちがってることだったら、100 人がほんとうだと言っても、まちがいですな」「そうだろう。それをお前、今何て言った？　学者も宗教家も、これが自分だということに何とも言わないから、それが自分だと思い込んでると言ったろう」「へえ」「それ間違いなんだよ」「あれ！これは私じゃないんですか」「そうだよ」「おかしいなあ。これ何でしょう」「俺に聞く奴があるか。自分のものは自分で考えろ、馬鹿め」「はてなあ、何だろう」考えたって、考えきれやしませんわね、この頭では。それっきり何も教えてくれないんだから。そらもう３日、５日、考えどおしに考えているうちに、「ああ、心が自分の正体なんだなあ。（中略）一週間ばかりたって、「この間の、私……でございますが」「ああ。あれからずっと考えた？」「へえ」「考えちゃわからないだろうな」「ええ？」「考えてたんじゃわからないだろう、お前の頭じゃ」「だって、考えなければ、わかるところにいかないでしょう」「それがすでに間違いだな。考えて考えつくようなことはね、およそたかが知れてる」

自分の正体は？……
自分の生命（いのち）だ！
伊東市　大室山

自分の正本は生命

目からウロコ。「本当の自分」

昔のインド北部、現在のネパール　カトマンズでのマスゲームの様子

「あれ？　どうもあなたのおっしゃることが、私には時々わからなくなっちゃうんです。それじゃあ。考えないでわかることがあるんですか」「ああ、それがほんとうのわかり方じゃ」「あれっ、考えないでわかる……」「そうじゃよ。それがなあ、ほんとうの自分てものがわからないと駄目だ。そのほんとうの自分がヒョイと思ったことが、ほんとうにわかったことになるんだ」「何だかまるで謎のなかに入ってるようですが、おぼろげながらも何かわかるような気もします。間違っていたらお叱り願いたいんですが、自分ていうものがこれでないことはわかりました」「おお、感心、感心。何だね、自分は？」「心です」「心？　ほう。心って何だ」「困ったな、これは。何だといって、心っていうものは心でございます」「だから、その心は何だね」「何だねって聞かれると困るな。そのう、文明のほうの生理科学でいくと、心っていうのは脳髄の中にあるんです」「そんなこと聞いてんじゃない。心とは何だと聞いてんだ」「心とは、えーわかりません」（中略）「心とは何だというご質問が非常に厳しいようですが、今お答えした自分というのは心じゃないんですか」と言っ

たら、「お前は心だと思ってるんだろう」「へえ、そうなんです」「だから、お前が心をお前だと思ってるというから、その心とは何だ、つまり、お前とは何だと聞いてるんじゃないか」「わかりません」「わからないことを、お前だと思ってるのか」「そう言われりゃあ、そうなります」「そんな答えはだめだ。お前はね、どうも心や肉体のどちらかがお前だと思っているらしいなあ」「そうじゃないんですか」「そうじゃないねえ」「はてなあ？　心も自分でなく、肉体も自分でないとしたら、それじゃあ何が自分です」「お前ねえ、もう少し頭がいいかと思ったら、案外よくないな。心や体はね、お前でないってことはひと目で自分自身わかるはずだ」「わからないから、私、さっきからあなたの言うことがわからないで困ってんです」（中略）「あれっ、心も体も私でない？」「そうよ」「それはどういうわけで」「どういうわけ？　それがわからないのか。心や体が人間でないからだ」「ありゃ。なるほど」「わかったか」「何かこうわかったような気持ちがします」そこで私、心や体が人間じゃないとすると、心や体は何だろうとまた考えたよ。考えれば、すぐわかるだろう。（中略）３日ばかりたってハッと気がついた。そこで、「わかりました」と言ったら、「わかったか」そのとき、ヒョイと私の顔を見るとね、この人、現在の私みたいな力をもっているんだね。あ、こいつほんとうにわかったことを言うなとか、わからないことを言うなということがわかるらしい。「わかったらしいな。うーん、きょうはりっぱなことを言うらしいな。わかったか」「わかりました」「わかったなら言わなくてもいいけれども、ひとり言でもいいから言ってごらん」「はあ、体も心も生きるための道具です」「そうだ、満点だ。それでいいのだ。そこで、それがわかったら、お前は？」「それがまだわからないんです」「何もなんねえ。せっかくいいとこまでわかってんだぞ、なあ。今お前の言ったことがわかろうまでにはな、この国にも100歳を越した奴がいくらでもいるけど、（中略）「しかし、そのお前は何だよ、お前は？」「それがその、まだ考えついておりません」「考えろ、考えろ。そこまでいきゃあ、これから先はわけないだろう」わけないだろうと言われたんだけど、「このお前なるものを考えるのにね」ほんとうに今度は３日ってわけにはいかなかった。正直なことを言えば、（中略）２週間ばかりたってから、「わかりました」と言ったら、「またわかったな。そうだそうだ、そのわかったものがお前だ」

ネパール
カトマンズ市内の寺院

中村天風師　円相 © 公益財団法人天風会

「そうでしょう」「そうだ。わかったものがお前だ」私はこの見えないひとつの気、これが俺なんだと思った。見えないひとつの気が、現象世界にその生命を表現しようとする場合に必要な道具として与えられたのが肉体と心なんです。だから、肉体を使うだけ使えば、この気はその肉体という道具をもう使っていかれないから、肉体から離れるだけなんです。（中村天風述 「成功の実現」 日本経営合理化協会出版局　208 ～ 220 頁より抜粋）

長い引用だが、自分の正体、本当の自分を中村天風自身が語った貴重な部分なので、中略を出来るだけ少なくしてカリアッパ師と天風のやりとりに臨場感をもって、読んでほしいと思い、引用した。自分の正体が「自分の生命」だ。という発見は、一見単純過ぎて、これが自分自身の大問題だとは残念ながら、にわかに理解できない。永い間ソクラテス以来、そして東洋の孔子以来、理性の

学問は、「肉体だけを自分」と心底、疑いもなく認識して今日に至った。だから、この認識転換は天動説から地動説への移動程、根本的な認識転換なのだ。

肉体の生死貫通「いのち」それが自分。

天風さん曰く、人間に生まれて最も大切なこと。それは、自分の正体が「生命」だ、という事実。重要なこの事を知って死ぬか、知らぬままか。身体や心が自分だと思っている人が殆どの現代社会で、真人間になるか、ならないか、ほどの違いがある。その上で、自分の生命の絶対無限性に気づく。この事実に不動の確信を持つに至れば、これでいつ死んでもこの世に生を頂いた甲斐は、充分あったといえるのだ。だがそれは人間がこの世に生まれ息絶えるまで我が肉体の「煩悩」も息絶えるまで背負っている。という重たい事実が、付随している。

霊魂という本心、良心には憎しみもなければ愛も無いのよ。

「天風先生座談」を書いた宇野千代をはじめ、幾多の著者が天風本を書いている。その大半は天風哲学の「心身統一法」や「了見の更改法」等、どちらかと言えば「自分の正体は（生命）である」という、彼の最も重大な到達点と違う、本丸で無い部分が論じられる。筆者は、愛読していると言う人達十人近く会って話をしてみた。すると、天風の到達部分、「本当の自分とは自分の（生命）だ」という重大部分を何故か見逃して彼を語る人が殆どだ。「成功の実現」は、天風の録音テープを編集したもので、公演を聴いている様で、全編、臨場感がそのまま文字化されている。しかし天風本で大切なのは、「自分の正体を知りなさい」と彼は言いたい事を我々は、どうしても気づかねばならない。

中村天風
（写真提供：公益財団法人天風会）

文京区護国寺駅　天風会館、正面

天風哲学、真の値打ち

鎌倉時代はじめ、この国に法然・親鸞がいた。これは禅者、鈴木大拙の「日本的霊性」が言う「霊性」。そして清沢満之言う「絶対無限」（インド古語でAmitabha、中国語に音写されて阿弥陀仏）の存在と中村天風の言う「自分の正体は生命」「霊魂（いのち）という本心、良心には、憎しみもなければ愛も無いのよ」は、かの有名な「歎異抄」七章「念仏者は無碍の一道」。八章「念仏は行者のために非行・非善（ひぎょう・ひぜん）」続けて十章「念仏は無義をもて義とす」と、ぴたり符合する。他にも天風が常に言っていた、「人間はいつも真・善・美を求めるのだよ。」これも人間が持っている絶対無限（生命）の欲求そのものだ。法然・親鸞・清沢満之・鈴木大拙・中村天風、五人が全て一貫した共通項

を持つ気づきに達している事に、この上ない重大さがある。中村天風の気づき「自分の正体とは自分の生命」こそ真実であり、大拙の霊性・直覚であり、観無量寿経のそれに気づいた法然の落涙千行に繋がる。親鸞の歎異抄後序「ひとえに親鸞一人がため」と同じ世界が拓ける。人間は肉体を持ちながら生命の切なる欲求も失わない。この国の最も上質部分の呟きが彼らの「思想や言葉」となって、後世、人々の肉体に食い込む。表現だけをつらつらと追い求める思想でなく、今日只今、具体的に生きている私達一人一人の骨肉に届く真実の想いが。その殿（しんがり）がこの日本人　中村天風の気づきであり、決定的値打ちだ。天風こそ、仏教が曖昧にしていた部分「生命」の解釈欠落を埋めたのだ。天風恐るべし。日本の思想文明の宝石に列せられる存在こそ、彼の到達点である。

大切なものはこの目には見えないのだよ。

彼は公演中、度々こみ上げてくる想いと涙で言葉が詰まる事がよくあったという。若き軍事探偵の時、任務とはいえ、台所でカミさんが大根を切る様に人を殺した、と述懐する。それを何の呵責なくやっていた自分を思い出す時、有り難い真実への気づき、「自分の正体こそ自分の生命」その生命が彼の言う「天のおとっつぁん」に直結していたと、気づいた後、どれ程過去を悔いたか。想像を超える。親鸞没後 30 年、現在の茨城県水戸市河和田在の唯円が書いた歎異抄は、奇しくも清沢満之により宗門で門外不出だったものを明治中庸公開された。国内でも幾十人の解説本が出版を繰り返している。その中に、かの梅原猛の歎異抄もある。歎異抄は戦前、大拙によって英訳され、欧米インテリの仏教研究を大きく発展させた。天風・親鸞ラインは人類哲学の地動説的発見で今後、思考標準のメートル原器である事を深く肝に命ずばなるまい。

中村天風による揮毫

鈴木大拙が希(こいねが)うもの。

「自分認識」を天動説から地動説へ。

日本的霊性は、岩波文庫で60刷を超えるロングセラー。タイトルだけで購入した人もいる筈。中身は難しい。禅者の大拙が法然や親鸞を書いている。終盤61頁は真宗特有の在家篤信者、妙好人の話で日本的霊性の本質を炙り出す。時間・空間、精神や物質を乗り越えている。唯心でもなければ唯物でもない。又、倫理や道徳でもない。それらは相対有限な限界がある。日本的霊性にはそれが無い。絶対無限の範疇だ。「日本的霊性」は、煩悩・欲望・理性と真反対の存在だ。理性と知性に立脚した西洋哲学より遥かに頼りになる。生死を超越して問題解決能力に優れている。そんな思想が、何故、日本にあるのか。日本的霊性は、儚い肉体を尻目に人間の本質・正体が「生命」である事を深く突いている。

日本的霊性に「直覚」
安心立命の生涯。

「霊性」は生命発。
「煩悩」は肉体発だ。

昭和20年春、終戦直前に出版されたが当時の軍国主義を知的に一刀両断。「日本的霊性」は日本精神、意志、集中力、注意力、それらとは全く違う。人間の生命の源を、あえて「日本的霊性」と言っている。つまり、脳から発する理性・知性では、人間の欲望に抵抗出来ない。理知を超えて人類から戦争や貧困を過去のものにするには絶対無限の霊性力がなければ不可能だ。

カラダ・ココロ・イノチ三つのうちココロはころころと、生命と肉体の意向を代弁する。生命の本性は霊性。肉体発の理性や知性は煩悩に無力だ。肉体の本性は煩悩、欲望や利己の源泉。日本文明は国教仏教が屋台骨で鎌倉時代、日本的霊性を生み出した。在家仏教者が法然や親鸞の思想的高みに感得しはじめる。宗学のみを学習する僧侶は宗学を横断し仏教を再学習すべしだ。

理性と知性だけに市民権を与え、生命の持っている霊性の存在を認めない。それは資本主義思想とまたぞろ同じだ。自分の本質を知る事。

鈴木大拙が希うもの。

鎌倉　臨済宗大本山 円覚寺、山門

理性からシフト「日本的霊性」

突き破れない理性の壁。それが究極、脳の壁だ。脳つまり相対有限の最終の壁、人間の理性、それは脳科学的判断の結果、生まれる壁だ。人間の脳による機能では、大いなる宇宙意識と人間をはじめ他の生態との精妙な関係が、全然分からない。宇宙について人間はわからない事だらけ、科学とは大自然をあとづけする学問だ。人間は理性で戦争もする。貧富格差を超拡大する。地球環境を悪化させる。理性で制御が効かず人災が人々を襲う。理性が導く判断だけに頼って行動すればどうなるか、が現在の世界だ。資本主義体制下の政治家が、私にまかせろ。と言ってやってきた結果も今の世界だ。但し、理性的範囲で救われる部分もある。既に改善された制度も有り、理性限界でも一定進歩は有った。

だが、人間の脳で到達した最高の成果、理性という「相対有限」では届かない解決不能な問題に人類はいま直面している。理性は肉体発、つまり相対有限が源流だ。科学も相対有限の極を目指す学問だ。残念ながら、ソクラテス、プラトン以来の西洋哲学は、知の限りを尽くして2500年来たが、悲しいかな相対有限の理性の哲学、つまり人間中心という相対有限のエゴから逃れられない。その矛盾が資本主義文明の終焉を迎えようとしている。

絶対無限への道「日本的霊性」

翻って、宗教は人間の能力を遥かに超えた絶対無限を、中心に置く。伝統仏教者が時局に迎合してはいけない。人間の全貌を見つめる。生まれる前、自分は何処にいたのか。死後、自分は何処へ行くのか。この世（相対有限）は分かるが、あの世（絶対無限）は有るのか無いのか。そして、宇宙を全て知っている大いなる意識は存在するのかしないのか。伝統仏教は、その大いなる意識を絶対無限と捉えて2500年の歴史を持つ。人間が肉体に宿している生命、その特性である霊性・良心・ホトケゴコロなどは全て絶対無限に属する。中村天風は言う、「悪いことをすれば気が咎めるだろ？その気咎めを、良心がうずくと言うのだ」と。人間の「霊性」は見えないが、何者からも影響を受けない、作為がない。歎異抄で言う無義・無碍・非行・不善の存在を「絶対無限」と清沢満之は言う。鈴木大拙は、その絶対無限について別の角度から、それを「日本的霊性」と言い、そのままの題名で出版した。その中で大拙が感嘆する妙好人 浅原才市が偈う「あみだ三（宇宙の大いなる意識）にあみだ三（自分の生命）もろてなむあみだぶをも（申）させてくださる。」と。自分の中の理性を遥かに超える霊性・良心。これは絶対無限の領域だ。しかも、それを生命という形で我々は持つ。

鎌倉 東慶寺
鈴木大拙、ベアトリス夫人
の五輪塔

鈴木大拙が希うもの。

鈴木大拙が 21 歳から 75 歳まで途中渡米や京都大谷大学への赴任など挟み居住した円覚寺 塔頭 正伝庵の現在

西洋哲学の行き詰まり打開策は？

アーノルド・トインビーやサミュエル・ハンチントン、ユヴァル・ノア・ハラリ。各々世代の違う三人は、世界資本主義の矛盾を、どう打開するか、ベストセラーを連発した中に、幾つかの示唆、暗示があった。が明快な解決法は無い。日本人 小田切瑞穂（明治 37 年生れ）は 1967 年「科学解脱」を出版。鈴木大拙とは対極から科学至上主義の行き詰まりを説いた。戦争や核兵器、貧困が解決出来ない現在の科学に疑問を呈し、伝統仏教の絶対無限性、宇宙の大いなる意識に着目、科学至上の軛から脱して仏教思想による解決を提案した。西欧資本主義に虐げられた民衆を身近に見た一科学者の良心の乾坤一擲だ。1941 年から始まるそうした彼の一連の著作は、永く歴史に残されるべきだ。

「日本的霊性」に戻る。

明治３年に生れた鈴木大拙も、日本が幕末までの絶対無限を信憑・維持してきた素晴らしい日本文明、江戸社会の残り火で成長した一人だ。明治政府によるちゃぶ台返しの西欧文明へ大転換の影響を体中に浴びつつ渡米、11 年間米国に滞在、明治末期米国人女性と結婚。第二次世界大戦後、米欧の大学で仏教の講演を重ね西欧世界に仏教思想を浸透させた。昭和 41 年逝去まで、明治からこの国が取り入れた大英帝国模倣の帝国主義体制、資本主義体系に対し、なんとしてもこの国が持っている冠たる日本文明の主柱、伝統仏教思想こそ、資本主義世界体制の弊害打開策である、と強く確信していた。その回答がまさに「日本的霊性」として出版された。

大拙は何故、浅原才市に感銘するか。

「日本的霊性」本文 246 頁中、自身の論文を四分の三に止め、最終 61 頁を妙好人に費している。内訳は、赤尾の道宗 14 頁、浅原才市は実に 47 頁を割いている。これは鈴木大拙が在家仏教の正味重量をどれ程評価し、日本全体で浄土仏教が在家の人々に及ぼした影響が如何に大きいかを表そうとしている。しかも、彼らの絶対無限・如来意識の計り知れぬ深さ高さに大拙は感銘する。彼は仏教の及ぼす世界的影響力が如何に大きいかを確信していた。「日本的霊性」の文中、**日本人の世界に於ける使命に対して充分の認識を持ち、しかも広く、高く、深く思惟するところがあってほしい。切にしかあらんことを希（こいねが）う。**と記した。戦後、GHQ が科学至上主義を国民教育政策にした。明治と戦後、二度の神殺しで米国の属国日本、この愚民化政策は今尚続いている。

富山県　赤尾
赤尾の道宗

生命の寺の霊性と直覚

鈴木大拙が希うもの。

鈴木大拙が馴染み深い鎌倉 円覚寺、選佛場（道場）

宗学だけ？俯瞰力をつけよう。

鈴木大拙（明治３年生れ）は、家が藩の御典医だったが零落、成長期を金沢で過ごした。苦学を重ね、鎌倉 円覚寺、今北洪川、釈宗演に参禅。27 歳で渡米。「日本的霊性」の出版５年前に、夫人は亡くなり、大拙は北鎌倉 東慶寺 松ヶ岡で執筆活動。昭和 19 年、軍国主義が日本人の思考の自由を奪い尽くす中、「日本的霊性」は生れた。現在、日本伝統仏教各宗は、宗学に専念するのみで他宗を学習しない。大拙は、夫人が真言宗を研究。自身は臨済宗ながら、浄土教を研究。禅者ながら、他宗祖師の思想を本気で学ぶ。長い海外生活で仏教を世界的に俯瞰する能力もあった。現在、葬式と法事を主とする僧侶の将来はどうか。日本文明の主柱、歴史ある伝統仏教に関わる者なら大奮起せねばならぬ。

世界性を持つ「日本的霊性」

私達が霊性を自覚する事に世界性は有るのか？明治時代に長い海外生活を送った大拙の「日本的霊性」とは、どんな主張か。今、自分は呼吸している。生命がここに有る、という具体的現実と直結して、生命が持っている霊性とは一体何か。大拙が禅者の為、表現は少々難解だが繰り返し納得いくまで読む。すると道が開けて言わんとする意味が見えて来る。現代仏教学の頂点を成す著作で著者が到達した境地が遺憾なく示されていると岩波文庫は書くが、そんな美辞でなく、一行一行ガツンと来る重たい手応えは、著者の深く重い霊性的直覚あればこそだ。しばらく放置し、読み直すと大拙の志がズンズン腹に響く。

（前略）インドで発生した仏教は固よりインド性をもっている。（中略）それからシナで一大転換をやったので、シナ性は十二分にある。そうして最後に日本に入ってきて日本的霊性化したので、日本仏教はすべての東洋性をもっていると言わなければならない。ただそれだけでない、仏教は南アジア方面をも通って来た、そして南方的性格をもその中に包蔵しているのである。「日本」仏教なるものは、それ故に北方民族的性格も南方民族的性格も、インド的直覚力もシナ的実証心理も、みな共に具有しているのである。そしてそれらの特殊の性格が、ただ雑然として物理的・空間的に日本仏教中に並列しているのでなく、日本的霊性が中枢になって、それらを生かし、働かしているのである。東洋を引っくくって一つにして、それを動かす思想がどこにあるかというと、それは「日本」仏教の中に探すよりほかあるまい。もちろん仏教そのままの形では、諸方へ持ち出しても役に立つまいが、その中に流れている渾然たる日本的霊性なるものを見つけて、それを近代的思索の方法で宣布しなければならぬ。日本的霊性には、世界的に生きるべきものを包摂しているのである。

以上（「日本的霊性」本文 74 頁より引用）

鎌倉 東慶寺、水月堂

鈴木大拙が希うもの。

鎌倉 臨済宗大本山 円覚寺、山門

3 日本的霊性的直覚

（前略）親鸞は罪業からの解脱を説かぬ、即ち因果の繋縛からの自由を説かぬ。それはこの存在 – 現世的・相関的・業苦的存在をそのままにして、弥陀の絶対的本願力のはたらきに一切をまかせるというのである。そうしてここに弥陀なる絶対者と親鸞一人との関係を体認するのである。絶対者の大悲は、善悪是非を超越するのであるから、こちらからの小さき思量、小さき善悪の行為などでは、それに到達すべくもないのである。ただこの身の所有と考えられるあらゆるものを、捨てようとも留保しようとも思わず、自然法爾にして大悲の光被を受けるのである。これが日本的霊性の上における神ながらの自覚にほかならぬのである。シナの仏教は因果を出で得ず、インドの仏教は但空の淵に沈んだ。日本的霊性のみが、因果を破壊せず現世の存在を滅絶せずに、しかも弥陀の光をして一切をそのままに包被せしめたのである。これは日本的霊性にして初めて可能であった。そうして鎌倉時

代がこれを可能ならしめる契機であったのである。（中略）浄土系思想は、シナにおいては親鸞的な霊性直覚に到達しなかったのである。それが日本では、源信僧都から法然上人を経過すると、直ちに親鸞系の思想が台頭してくるのである。そうしてこの思想はシナにもなくインドにもなくヨーロッパ（ユダヤ教・キリスト教）にもないのである。（中略）それは実に日本的霊性の直覚から出たもので、それがたまたま鎌倉時代に勃興した仏教的弥陀思想の刺戟に出会たからである。（「日本的霊性」本文 116・117 頁より引用）

5 日本的霊性と大地

(前略)京都にいる限り、この機会には決して逢着できないのである。流謫配残の身となった彼は、得たり賢しとみずからの信心に対して試練をこの機に加えたのである。彼は「念仏のみぞまことなりける」と言って、朝から晩まで空念仏のみを繰返しはしなかったであろう。彼の念仏は実念仏であった、即ち大地に接触した念仏であった。鋤鍬を動かすもののあいだに交わってみずからもまたそれを動かしていなかったら、法然から得たという信念は、実に「そらごと、たわごと」の一種にならなければならぬのである。越後における彼の生活は、必ず実際に大地に即したものであった。彼が今までのいわゆる清浄な生活 -- 観念性にのみ富んでいて、その中にはなんらの実証的なものを含まない生活 -- に甘んじなかった事由は、その念仏を人間一般の生活の上に働き出ださんと欲したからである。然らざれば何のための「肉食妻帯」か、わけがわからないのである。彼は聖道門と浄土門との区別を、ただ「肉食妻帯」するとかしないとかいうところ、専修念仏と然らざるところにのみ見んとしたのではないのである。彼は実に人間的一般の生活そのものの上に「如来の御恩」をどれほど感じ能うものかを、実際の大地の生活において試験したのである。ここに彼の信仰の真剣性を見出さなければならぬ。（中略）親鸞の中心思想は、如来の本願に対しての絶対信仰であって、（中略）それに対しては一顧をも与え得べき余裕をもっていなかったのである。（「日本的霊性」本文 94・95 頁より引用）

円覚寺、僧堂

鈴木大拙が希うもの。

鎌倉 東慶寺、正面

日本的霊性の源流。

日本に伝来した仏教は、平安初期、最澄・空海らによって、ジャポナイズされた。古神道の神々を、本覚思想で統合。草木国土悉皆成仏思想は全ての自然に仏性が宿っていると。神道の神を本地垂迹説で神仏習合し日本伝統仏教は進化。インド・中国・日本の神で七福神となり、日本仏教は世界最強の多神教になった。これは、清沢満之の言う「絶対無限」が包摂する神仏表現の多様さだ。日本では八百万の神々が生活に溶け込んでいる。外国人から見れば、これは無宗教に見える。宗教的寛容度の為だ。その究極が自他一如だ。「わしのこころは、あなたのこころ、あなたごころが、わたしのこころ。わしになるのが、あなたのこころ」日本的霊性　妙好人 浅原才市 220 頁より　日本仏教の利他性、一如性、非僧非俗の典型的思想だ。

正直で、嘘つかない。

釈迦仏教の原典中、浄土三部経が龍樹・天親（インド系)、曇鸞・道綽禅師・善導大師（中国人）を経て、日本に到達した。平安中期、源信（恵心僧都）が「往生要集」を発表。その視覚化、地獄絵図は、今も日本中の寺で盂蘭盆の時期に一般公開される。この国千年の慣習だ。日本人が嘘をついたり悪いことをしたら、閻魔さんに舌を抜かれひどい目に遭うと、絵で教えられ育ち、日本人は正直で嘘をつくこと・人を出し抜くことに抵抗がある。そうしたDNAが今も国民性となっているのは、鈴木大拙言う「日本的霊性」の継承でもある。

空海・法然・親鸞・道元らと日本仏教

浄土教の知恩院、妙心寺、東・西本願寺、鎌倉 高徳院（露坐の大仏)、天台宗の岩手 中尊寺、京都 三千院等、本尊は皆、阿弥陀如来だ。墓の多くに「南無阿弥陀仏」の名号が彫られ、数は幾百万だ。伝統仏教、就中、法然・親鸞の影響力は、空海・最澄・栄西・道元・日蓮らの始祖も加え日本人の生活意識全体におよび、その価値観・世界観・美意識は19世紀、欧米でジャポニズムを現出した。今では羽田・成田や駅トイレの清潔度、大地震後人々の整然とした暮らしぶり、新型コロナでのマスク着用。アニメ・漫画は世界の子供に大きな影響。お祖師たちの思想・世界観が今世紀に及んでいる。その日本が明治維新と戦後、英米の圧力で梅原猛の言う、二度の神殺しを受けた。今、日本人の大方は伝統仏教とは何か、恐ろしく無知だ。これは外国による二度の神殺し政策、愚民化の結果だ。米国による隷属政権は、日本人一般と比して明白に民度低く愚劣化が進行、大拙の描く日本文明の至宝「日本的霊性」を根本から汚している。

東慶寺、鐘楼

柳宗悦の価値

彼が惹かれた阿弥陀の世界

貴族院議員 元海軍少将で数学者、柳楢悦の三男として明治22年（1989）生まれ、2歳で父と死別。若くしてヨーロッパに渡り西欧文化とキリスト教に触れ、遠くから日本を見ていた。その彼が父の日蓮宗でなく浄土思想に強く惹かれたのは、並外れた感性、直感力・論理性と無関係ではない。民藝運動に加わり陶芸の濱田庄司、河井寛次郎、版画の棟方志功らと共に活躍した。又、朝鮮陶芸や工芸の素晴らしさの発見等、直感力でその美しさを見抜く目が日本仏教に向けられた時、浄土思想に逢着。自分が生かされてきた恩に報いホトケへの限りない感謝に満たされたのは、長い海外生活で、素の人間を見る目を養った結果だ。人間を見る優しさが、大宗派の祖師である法然・親鸞よりも時宗の一遍上人の生き方に、より究極の仏教観を見た。

たおやかな感性が仏教を捉えた。

ロングセラー「南無阿弥陀仏」

**御仏イヅチ
汝レハ
イヅコ**

ある人が僧に、ホトケ様は何処にいらっしゃるのでしょうか、と尋ねた。その僧は即座に、お前は何処にいるのか、と反問した。はたと気づけば、自分の居場所以外にホトケの居場所などあろうはずがあるまい。ホトケを遠い世界に探るごときは仏法の領解とは言えない。

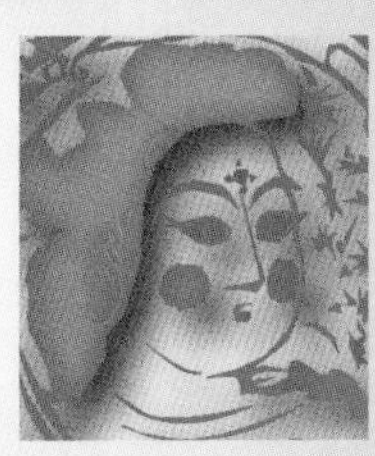

**今日(キョウ)モアリ
オオケナクモ**

（オオケナクモは
忝(カタ)ジケナクモとか
勿体(モッタイ)ナクモの意味。）

宗悦は言う、こうして生きているのは諸々の因縁の組み合わせであり、決して自分一人の力によるのでない。多くのものの力に支えられているお陰だ。逆境もまた光明への道にほかならない。こうして生きているその事が、勿体ない事なのである。だから今日生きる事は報恩の行として活かすべきである。仏教入門書で知られる「南無阿弥陀仏」の終わり、心偈（こころうた）第一に収載されている。

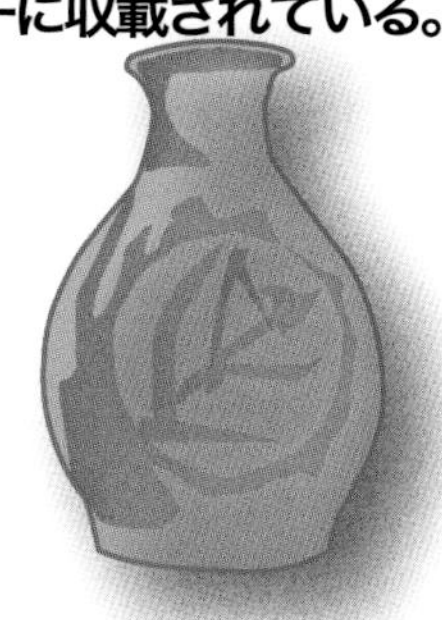

柳宗悦の日本民藝館（日本民藝館提供）

インテリで美学者、思想家。

柳宗悦は、海軍少将の三男として六本木に生まれ、成長期、開校間もない学習院に通った。宗悦は、そこで英語教師だった禅者 鈴木大拙に触れる。後に、名著「南無阿弥陀仏」を著し、岩波文庫で大拙の「日本的霊性」に肉薄するロングセラーとなった。内容は、法然・親鸞・一遍の仏教思想に直覚していく道程だ。宗門学者が持ち合わせていない豊かで鋭い「感性」と「俯瞰性」を持ち、仏教全体の中の浄土仏教の核心に触れてゆく切なさの世界は、読む者の心を動かさずにはおかない。民藝運動に打ち込んだ彼の心には、人間が持っている悲しい煩悩まみれの、深い自覚を前提とした美意識がある。それについて宗悦は「私達は何とかして美の国を建てねばならぬ。それは人間の抑え得ぬ人間の求め

なのである。」と洩らす。

今日モアリ　オオケナクモ。

巻末の心偈（こころうた）第一のタイトルだ。朝目覚めて今日も生きていた、有り難い、かたじけない。たったこれだけの事で、読者は感動するだろうか。目覚めた時、感謝の気持ちが起きるだろうか。ここが宗悦の感性の豊かさ・非凡さではないか。仏教の根本的真理に「諸法無我」がある。「万物は自分と関係なく存在する」人はその万物によって生かされている。水も空気も食物も周りの環境も、一つでも欠ければ死ぬ。今、私に生命がある、生きている、自分は生かされている。宗悦は、重病をした後、この心理を味あわせてもらったという。

罪にある事が地獄にある事。

宗悦は言う。地獄・極楽について理知的な人々は、その存在を信じない。それは宗教的妄想だという。しかし、地獄の存在は罪に泣く人にだけ、切に知られる。地獄は無いと、罪への反省が無い人は言う。又は悪い事はしてない、という良心の咎めを忘れたか意識しないで生きている人、良心が傷まない人の考えに過ぎないと。地獄の有り無しは、常に罪の意識が有るか無しかにかかっている。罪の意識を持つとは、同時に自分が地獄に居る事だ。悪い事をしたその時と場所が地獄であり奈落なのだ。地獄が無いという人は、罪の自覚が無いか感じない人の愚鈍で傲慢な考えに過ぎない。罪悪への想いが身を襲う事と、地獄が身に迫る事は同時だ。罪に泣かない人がどうして救いを求めるか。罪に疼く事と極楽を願う事も同時である。人の心に地獄が有れば必ず極楽は有る。

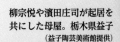

柳宗悦や濱田庄司が起居を共にした母屋。栃木県益子（益子陶芸美術館提供）

柳宗悦の思想を背景にした濱田庄司の登り窯。栃木県益子（現在の益子陶芸美術館）。（益子陶芸美術館提供）

影響を受けた版画の棟方志功
益子焼の濱田庄司。

仏教哲学思想の巨人、柳宗悦は、戦中戦後を超えて、民藝運動を守り棟方志功や濱田庄司らの制作思想の主柱となり、多くの作品を産ませた。また彼は、沖縄の紅型や朝鮮の陶磁器・工芸品に高い評価と保存運動を惜しまなかった。しかし彼は、仏教を離れて日本の歴史は組み立てられていないという確信は微動だにしない。それを証明する文章は、「南無阿弥陀仏」の初めに述べられている。

「日本に仏教が伝わらなかったら、日本は精神的にどれだけの深みを持ち得たであろう。仏教はもとより印度に発したが、何にしても東洋生粋の宗教であり、ついに東洋全土に浸み渡り、

民族の血となり肉となったものであって、吾々の性格、ものの見方、暮し方の髄の中に浸みこんでいるのである。それ故既に日本自らの仏教になっているといってよい。仏教を離れて、日本の歴史は組み立てられておらぬ。道教、儒教、神道その他、様々なものがあったとしても、仏教の前にはまだ薄い淡い影に過ぎまい。その仏教が、実にどれだけの深さ浄さ大きさを持つかは、そこに培われた比丘、比丘尼、居士、たちにどんな優れた人たちが現れたかで立証されよう。日本は実に、それらの高僧たちや妙好人以上に偉大たることは出来ない。何故なら、日本が偉大なら、それらの仏徒の如く偉大だという外なるまい。日本の大はそれらの人々の中に結晶されたといってもよい。もしそれらの人々が現れなかったら、日本の文化にどれだけの存在理由が見出せるであろう。わが民族に無限の自信を贈るのは、吾々の歴史にそれらの人人の足跡を持つからである。」（柳宗悦　「南無阿弥陀仏」50・51 頁）。

明治以後、何故か日本人の思想的淵源を、やたら武士道・中国儒教その進化形である国学なるものに求める。廃仏毀釈令以降、仏教を無きものにしようという不自然な流れは、日本人の伝統的な世界観を意図的に曲げている。明治の廃仏毀釈令、戦後 GHQ の至上命令、科学至上主義という教育政策。これは、明らかに梅原猛の言う「二度の神殺し」そのものである。純然たる日本文明の思想的基盤は、聖徳太子以来、国教としての仏教思想、その洗練化と進化の道程に全てが存在するにも関わらずだ。この日本文明の大道を何とか軌道修正したい勢力とは何か。2600 年来、ソクラテス・プラントンから発する理性・知性の西欧哲学思想で、その先端が米英の資本主義思想である。柳宗悦の美意識、善意識、真実追求の感性は、それらを微塵も寄せ付けない。人間に備わっているのは、この肉体だけではない。その肉体に生命が吹き込まれてこそ、私達は生きている。この重大なあるがままを肉体とその究極、理性だけに任せようという西欧文明は、天動説的哲学思想だと梅原猛は切って捨てる。

母屋内部
（益子陶芸美術館提供）

今日モアリナオテナクモ

柳宗悦の日本民藝館（日本民藝館提供）

自分を繕わずありのままを見る。

人間のあるがままとは何か。それは、肉体が持っている煩悩。生命が持っている霊性。この二極がせめぎ合って人類は暮らしを紡いでいる。それを肉体の脳から発する理性・知性まで、つまり肉体一極のみによる片肺飛行の西欧文明及び西欧哲学の資本主義文明は、その為に戦争・核兵器・貧富格差超拡大・地球環境悪化という文明の宿痾をどうにも出来ない。その為に資本主義が行き詰まっている。自分という「人間」をよく見てみよう。私達人間は、肉体のみで生きているのだろうか。肉体に生命が宿って「生命体」としてはじめて生きる事が出来るのだ。生命は、今の科学で捉えようが無い、従って無い、又は無視しよう、という思想の資本主義社会は明白なフェイクである。

凡夫であるオノレを知る。

その事を柳宗悦は、人間は全て凡夫に過ぎない、と言う。凡夫とは、煩悩具足、つまりいくら装っても煩悩ばかりが前に出て生きてしまう。その慎みを忘れた暮らしぶりが、凡夫を忘れた悲しさだと宗悦は言う。
人間が肉体・煩悩の一極だけで生きれば、生命・霊性のもうひとつの一極が無い如くに生きてしまう。あるがままの二極認識からかけ離れていく。一極の煩悩・欲望によるエゴのゴリ押しをする。為政者は少しでも立場を強くしようと権力の集中を図り、国民を権力の意のままに従わせようとする。少しでも領土を拡大し、力ずくで領土を手に入れようとする輩が現れる。自分たちの表面は繕って誤魔化し、真実の自分を見せない。その影で貧富格差は超拡大し、軍備・核兵器開発を推進し、地球環境の悪化は止められない。凡夫なのに凡夫を自覚しない人間の愚鈍さ・傲慢さである。人間や生態系・自然が持っている煩悩と霊性の二極。これを統合して絶対無限である霊性に依拠して生きねば、人類や生態系に明日は無い。以下の文章は宗悦のこの事に関する引用である。

「つまり凡夫だと気附かない愚かさによる。自分を繕ったり匿したり誤魔化したりして、素裸にならない。いずれも我執に囚われる業なのである。そのため不二の浄土を見ることが出来ぬ。祖師たちはこのことを何とかして人々に報らせようと、千語万語を費しているのである。反語のようであるが、実に吾々は凡夫になりきれないから救われないのである。凡夫のくせに凡夫でない振舞をするのが妄執の悲しさである。その妄執が済度の邪魔をする。凡夫だと分らせて貰えば身を投げ出すより仕方がなくなる。この時のみが我執の絶える時である。だから凡夫にこそ成仏が確約されているのである。ただ凡夫のくせに凡夫でないと装うために、この確約を反故にしてしまう」(柳宗悦 「南無阿弥陀仏」、126・127 頁)。

母屋の軒
（益子陶芸美術館提供）

「二極統合思想」の世界性①

「死」は肉体から生命が離れ「命だけ」になる事。

インドのお釈迦さんから中国を経て日本に来た仏教、それは究極「生」は相対有限、「死」は絶対無限。聖徳太子は慟哭して「世間虚仮」「唯仏是真」と捉えた。以後日本は仏教を国教として出発。それから1400年、進化を繰り返して日本人の思想・哲学・生活規範の中核として今日まできた。人間が死と隣り合わせと思わないのは事実に反する。「死」を現実として捉えず軽視して成立する思想や科学は根本から誤りだ。肉体の「煩悩」と生命の「霊性」、それは人間の「暗愚」と「透徹」を表象する。「生命体」とは結局「死」を孕んだ「生」の状態。「生」とは形ある状態。「死」とは無形の状態。相対有限の「肉体」は不安定で無常。いずれ「死」という「絶対無限」の終局を迎える。これが正直な人間の現実だ。事物を捉える時、ここからの出発でなければそれは不完全な世界観だ。理知の限界まで発達したソクラテス、プラトン以来の西洋哲学に基づく世界資本主義文明は、あるがままを捉えていない哲学である。戦争や貧困、気象悪化等矛盾を解決出来ない。事物の相対有限・絶対無限を正確に捉えきった二極統合思想こそ、それら全てを解決できるまともな地動説的思想であり哲学だ。

人間にとって死は現実。

現実を忌避してどうする。
現実に潜む真•善•美

死を毛嫌い
は
頭隠して
尻隠さず

生死とは何か

我々の生命は、
無数の死者(生命)
と共にある。

人間の心には「煩悩」と「霊性」が潜む。この二つは何が源泉か、肉体 = 煩悩 (利己)。生命 = 霊性 (利他) だ。両方とも生命体として人間に実在する。だが自分の本質、生命は見えない。本当は生命の霊性が真 (まこと)、肉体の煩悩は仮 (かり) なのにだ。自分に迫ってくるあらゆる欲望、それは肉体発の煩悩に起因する。私たちは日夜煩悩から発する騒がしい欲求の中で暮らす。しかし、もう一方の霊性は何処までも静謐そのものだ。

だから人間の脳は騒ぎ立てる煩悩に身を任せてしまう。それだけでなく有形無形で言えば煩悩は有形、霊性は無形だ。声なき声を聞くと言うが、これは困難な事だ。肉体に付随している聴覚が働かない。だから声なき声を聞く政治家などいない。「本当に大切なものはこの目にみえないのだよ」はサンテグジュベリの星の王子さまに出てくるお爺さんの台詞だ。死の先にある生命、誕生前にある生命、そして今ある生命。全て同じだ。

生死とは何か

天体写真　牡牛座

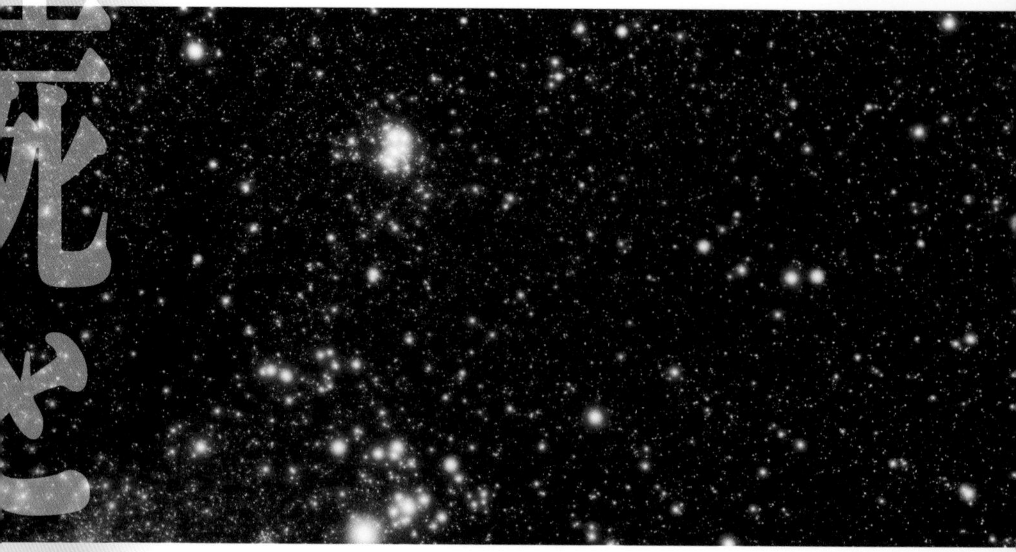

生死は一対だ。

生きている間だけが全て、とする従来の西洋思想・哲学は根本的に誤りを犯している。「生」の先にある「死」が除外されているからだ。人間は死なないのか？いや必ず死ぬ。生死は連接・貫通して存在する。それを「生」の期間のみを取り出し、目に見えないからと「死」を無と考える。余りに粗忽で野蛮な物の見方だ。見えないものは無いのか？笑ってしまう。これ程、根本の部分で初歩的誤りを西洋哲学は永々 2500 年続け今日に至り、時代錯誤な戦争や貧困格差超拡大、地球気象悪化を今もどうにも出来ず、シンギュラリティを目前にしている。科学はグイグイと絶対無限に迫っている。宇宙科学は 137 億年前まで遡れた。理論的には相対有限な宇宙を超えて絶対無限の先を予感している勢いだ。

生死を真面目に考えよう。

見えないものは無いか？現状の科学でも流石にこれは肯定しない。時間の極小極大の研究は余りにも衝撃的に見えないものを炙り出す、空間の極小極大研究について、これからいくらノーベル賞の行列を作っても足らないが、絶対無限に近づきつつある。私達人類は目で見ようとすれば可視化出来る物は何でもビジュアル化し、認識しようと求める。だから原子からニュートリノ、その先の世界も何とかイラストか写真で捉えたい。だがその先が延々何処までゆくのか、研究者は銀河系、1000億の星々のマップ化を始めている。隣のアンドロメダ星雲でさえ、まだよく分からない。又、宇宙の果が光速を超えていつまで拡大するのか、その質量バランスのカギをブラックマターや仮称ヒッグス粒子に目を向けて研究し、夢と興奮が冷めない。従来の科学常識は次々と劇的に覆る。人間の知りたがりんぼは、いずれ相対有限な世界と絶対無限な世界の統合について研究のテーブルに着くのは時間の問題だろう。

生死こそ全てのカギだ。

人間死ねば終わり。この単純な定見が終わりに近づいている。肉体のメカニズム解明は未だ数%と言われ、宇宙組成についても全貌の4%余りの他、謎だらけのままだ。考えてみれば人間の生命の不思議に到達するには、まだ遠い。だが、この問題をあるがままの思想、二極統合思想で捉えてみれば、「生命」の生死が一対で深く関連しあっているのは、科学的証明が成される前でも長い宗教的思考、中でも仏教的思索は別の角度から生死（生命）の一貫性を昔から捉えている。近い将来、科学とブッディズムは統合するかもしれない。

高野町の小川

「二極統合思想」の世界性②

生命体は生命と肉体。二つの極が生と死だ。

生だけが人生で死は人生の終わり。現在、大半の人は死後は何もない「無」と考える。人間の生死を直線と見て円とは見ない。いわゆる西洋哲学、科学的な死生観だ。生だけ肯定、死は否定する。日本文明で生命体とは「生死一対」なのに半分しか見ていない。過去にも同じ事はあった。大地は球体だと言ったガリレオは天を恐れぬ不敬者と宗教裁判で投獄された。人々がこの様な思想に従って暮らすメリットは有るのか。矛盾に疑問を持たなければ幸せに暮らせるよ、と政府や学校は教える。日本は明治以降二度の神殺しで幕末までの生死円環思想は大被害を受けた。これは人間の霊性が持っている慈悲や良心を見えなくしてしまう。残る発想は何事も打算・損得・エゴで冷たい見方だ。心は貧しくなり、常にカネに走る。ブランドが問題で外観ばかり気にする。妙な日本人を大量生産する。これは英米による二度の愚民化の成果だ。私達「生命体」は肉体と生命でこの世を生きている。生命を疎外して肉体だけ見る思想はあるがままを見ない誤った見方だ。

相対有限と絶対無限とは生と死。

全部を見ず半分だけ見る誤り。

「生命」（絶対無限）が自分と考えない。「肉体」（相対有限）が自分と考える誤謬。

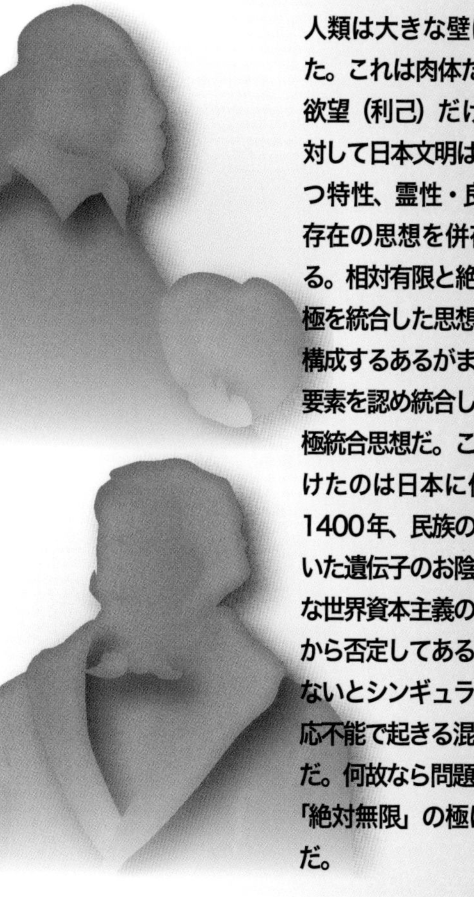

世界資本主義文明の思潮は、肉体だけが自分であるとしてきた。（アボリジニ、ネイティブアメリカン、イヌイット、アイヌ等、先住民は違う）西洋哲学は、思考する肉体が自分そのものだと考える。それは誤りだ。自分の本質、生命が除外されている。「肉体」と「生命」が「生命体」を構成する。事物を捉えるとは全体を捉える事だ。部分は全体ではない。人類は生態系の部分だが人類が生態系の全部でない。これは全部が利己でなく利他もあるのがあるがまま、という証明でもある。西洋哲学は近代文明駆動の原理だ。生命を除く肉体のみが「自分」そのものと捉えた思想が資本主義・新自由主義を生み、人類は大きな壁にぶつかった。これは肉体だけ、煩悩・欲望（利己）だけの思想だ。対して日本文明は、生命の持つ特性、霊性・良心（利他）存在の思想を併存させて見る。相対有限と絶対無限の二極を統合した思想だ。生物を構成するあるがままの二つの要素を認め統合した判断が二極統合思想だ。この事に気づけたのは日本に伝統仏教が1400年、民族の骨に染み付いた遺伝子のお陰だ。片面的な世界資本主義の現実に根本から否定してあるがままを見ないとシンギュラリティに対応不能で起きる混乱は不可避だ。何故なら問題の最適解は「絶対無限」の極に有るからだ。

都心の超一等地、岩崎弥太郎の広大な元三菱村。現在の丸の内、林立する高層ビル

神殺しでひざまずくべき者を失った結果。

明治維新と戦後GHQ政策、二度の神殺しは、日本人を国籍不明でうつろな人間にした。インドの貧民に一生を捧げたマザー・テレサが来日して帰国の時に「日本は物は豊かで有り余った暮らしだ。しかし、人の心はなんとも貧しい」という言葉を残し離日した。愕然とする言葉だ。私達日本人は損得・物カネを追い求める余り、心は戦前の教育勅語復活を望む等、明治政権の神殺し効果でうつろになった。その上、戦後米軍によるGHQの二度目の神殺し。科学以外は信じるな、の教育政策が何を生んだか。人々をどの様に無責任で打算化したか。いじめ、ネグレクト、教育崩壊、汚職、愉快犯、政権の愚劣化。二度の神殺し効果が絶大な事は、多くの人が意識せず進行する。

日本人の品格

私達日本人は木の股から生れたのか。いや違う。豊かな母性や父性を持った両親に育まれ成長した。両親のお陰で生命と肉体が有る。有り難い事だ。それは長い日本の歴史の果の自分を意味する。ここに生息する私達一人一人は紛れもない日本人の子として生れ、今に至っている。日本文明の先端を呼吸しているのだ。だが、その誇りは無くなっている。自分に何か瑕疵（キズ）がある、それは何か。マザー・テレサの言葉から改めて日本文明の本体とは何だったのかを考える。聖徳太子以来、1400 年の歴史を持つ日本文明の前衛が自分たちである事を思い起こせば、明治以降と戦後、二度の神殺しで失ったものについて想起しない訳にはいかない。国家の品格で藤原正彦は、「日本は米国に属国化され、ひざまずくべきものを失った」「ならぬことはならぬのです」という大切な二つの言説が印象に残る。初めの、ひざまずくべきものとは何か。祖先が何よりも大切にしてきた神仏への畏怖と敬慕、感謝だ。そして二つ目は嘘をついて憚らない、日本人として最も恥ずべき他への欺き行為だ。

人間を構成する肉体と生命

伝統仏教は人の生死を一対と考える。死の無い生は無い。生の無い死も無い。この重大なあるがままを科学至上主義で誤魔化そうとした GHQ は、余りに罪重い。私達日本人にも迂闊があった。そう教えた米国人は、大統領就任式に聖書に手を乗せて宣誓する。何故、日本人にだけ神や仏を否定したのか。よく考えれば、とんでもないフェイク教育に政府が追随させられた結果だ。恥ずべき悔やむべき無神論教育を日本人骨抜き教育に使ったのだ。

有楽町　帝国ホテル手前

米国政府は日本を無二の「同盟国」にしたい。

優秀な日本国 何故か政権だけ低民度

米国の傀儡政権、日本政府は米に隷属するだけが存在理由だ。世界水準の各分野を擁する多面的国家日本は現状でも世界で第一級だ。なのに米に従属する日本政権。こんな好条件が揃っている属国は世界中に無い。これからも永遠に日本の優秀な先端技術・開発能力を米国の国体維持に従属させておく事が出来れば、米国は嬉しい。先端技術は戦争ビジネスに欠かせない。建国以来、先住民圧殺に始まり、領土拡大戦争を続け、北米大陸の太平洋岸まで領土を拡大した米国は、その後もハワイ・フィリピン・太平洋諸島を手に入れた。太平洋東アジアに面する日本も、米国の属国になった。

二度の神殺し 計り知れない 愚民効果

魂を抜かれた日本人。 「大和魂」という偽魂。

日本人は元々馬鹿なのか。いや違う。種子島の田舎の鍛冶屋が当時70日で鉄砲作りが出来た。金・銀・銅の産出と精錬技術は質量とも世界一二だった。1700年代前半、数学者 関和孝が円周率11桁まで求めベルヌーイ数を先に発見した。農業技術、花卉園芸技術は江戸時代すでに世界水準を抜いていた。日本の美術・文学も千年前から世界水準だ。日本刀の鋭利性・剛性の両立、その剣道も世界的だ。こんな日本のバックボーンとは何か。これこそ何よりも肉体（相対有限）と生命（絶対無限）の統合された伝統仏教思想の裏付けが、この国の人々の優秀さの背景にあったのだ。いきなり結論を言っても、俄に理解する事が無理だろう。日本伝統仏教に基づく二極統合思想は、実はあるがままを捉えた問題解決力を持つ。工業・商業・芸術・文学、何にでも使える。そんな素晴らしい思想的利器を日本人は700年前から持っていた。その反映が世界に冠たる日本文明で世界最大の木造建築、東大寺や京都 清水寺を作り、伊勢神宮を今に残す。「生」だけが全てでなく。あるがまま、「生死を一対」と捉える思想が、どれ程弁証法的で優れているか計り知れない。日本に伝統仏教があればこそ、幕末までこの国は豊かな暮らしを人々に保証、発展させる事が出来た。日本人、もって肝に銘ずべしだ。

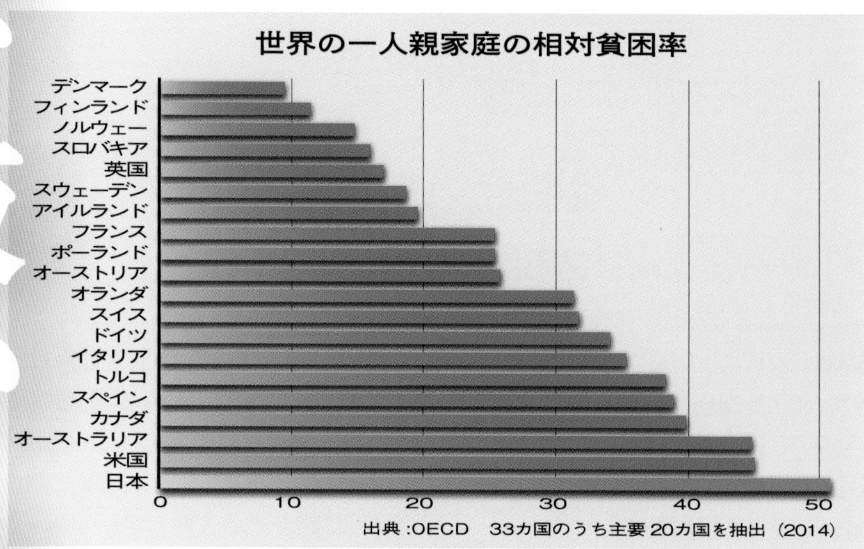

二度の神殺しで魂を抜かれた日本人

明治維新、神仏分離令（廃仏毀釈令）に始まる日本文明の全面否定。1400 年続いた仏教思想の根本を転覆。代わって、オカネ第一の資本主義・侵略的帝国主義がこの国を覆った。これが初めの神殺し。戦後米国によるダメ押し二度目の神殺しも、従順な日本人は全てを受け入れ、じき 80 年を迎える。その結果、発達した資本主義国家の中で食べていく為の最低生活が出来ない相対的貧困率は、米国を抜き世界第一位となった。全てアメリカ留学で国際金融資本直伝の洗脳教育で優勝劣敗思想に固まった政官学、経済政策エリートによる。トリクルダウン理論、貧富格差拡大による発達理論等、一般大衆にはっきりと背を向けた経済思想の目白押しで益々貧富格差は開いていく。

明治以降のフェイク教育効果絶大

一方、その被害者として99%を占める一般大衆は、それをどう受け止めているか。特に経済生活に支障をきたさない、全体の約10%の体制維持層が世論の中枢にいる。経団連・政府に許可された枠内のテレビをはじめメディア論調を駆使し「多少苦しいのは仕方ない。皆同じ思いをしている」と、何事も無く日常は過ぎる。だから現状維持は動かせない。と永遠の体制従属を残り99%に思い込ませている。これは150年かけた明治以来の根本的な資本主義体制維持思想である弱肉強食がスタンダードというフェイク教育の大いなる効果の上に成り立っている。しかし、本当にそうだろうか？これ程科学技術が発達し、AIやバイオテクによるデジタル化・自動化で肉体労働の余地は今後20年で、現状の10分の1を割り込むといわれる。今後人口の90%が不要者階級になる。益々変化の顕著な社会で、諸行無常、その人々の一員に成らない保証は残り1%の人にも全く無い。

次期文明への移行は歴史的必然だ。

資本主義文明で後20年は到底もたない。なら何をどうすれば良いか。人類一人一人が思想転換、哲学的回復をせねばならない。そのカギとなり、きっかけとなるのが二極統合思想哲学だ。世界八大文明の中の日本文明は、その準備を1400年かけ、264年の世界的社会実験を経験。その後、明治以来、欧米列強に思想的・体制的な局所攻撃を受けた。所謂、二度の神殺しだ。神は居ない。生命など見えない、だから無い。と安易な科学至上主義に日本人はまんまと乗せられた。自分の生命、絶対無限の認識、信憑を取り戻す他無い。

スカイツリー

次期文明は個人の能力無限化が起きる

この言葉の重大、絶大さを知ろう

私達一人一人の能力（自由）・知恵（平等）・慈悲（博愛心）が絶対無限化する。前人未到の可能性が拡大され各分野が従来とは次元の違う発展を遂げる。その保証は一体何処にあるのか。自分の生命と宇宙生命、この二つの同一性（絶対無限性）を認識・信憑するところから全ては始まる。過去の弱肉強食、資本主義文明は結果的に不完全思想。人と人が争い、敗者を常時生産する思想である。これで戦争・核兵器・地球気象悪化を止めるなど夢想である。私達が最も大切なのは、オカネではない。損得でもない。今生きている全ての人々が生まれ持った独自性・本領を探し当て、全開にする能力無限化を起こし全ての人類、生態系が共存・共栄して暮らせる世界実現の為の哲学や思想が必要なのだ。

日本文明に潜む次期文明の必然性

天・地・人、時は何時だ。

地球という有限閉鎖空間
保全発展ノウハウ

「かごに乗る人担ぐ人、してその草鞋を作る人」と中村天風は言う。人間一人の独自性・個性は各々驚異的に多才だ。お陰で人類の全産業分野が機能・発展する。自分の本領が何処にあるか知らないで終わる人もいる。これからの世はそれでは生きられない。自分が他人よりも好きで難なく出来る事を見つけるのは、これからとても大切だ。でなければ自分の適性を見誤り、自分に向かない仕事に悩まねばならない。希望する方向や分野は無限に近い選択肢を持つ。誰もがその道で一流の仕事が出来る様に私達一人一人には確かに可能性が有る。それを己の本領何処にありや、と禅では言ってきた。自分の適職・天職は必ず二つや三つはある。私達は成功する為に生まれている。

人間はあり得ない悲運に出会うと、神も仏もあるものか、と嘆く。その前に大体多くの人は神仏や絶対無限の存在を端から信じない。特に日本人は欧米資本主義文明による明治以来の仏教破壊が徹底していて、戦後更に神仏を信じてはならない教育、科学至上主義で政府が公的施設での仏教行事不許可は常識で、小中高教育も右へ倣えだ。日本人の魂抜き（仏教は抹香臭く、坊主は列外）と徹底して教育されている。この笑える現実の中で葬式や法事は彼等の世話になっても、特に矛盾も感じない矛盾がある。

瑞巌寺、方丈

それよりもっと大切な事

現在日本人にとって最も科学的でない位置に神仏は位置している。しかし、人智の及ばない世界は、宇宙科学の発達と共にその絶対無限の世界を我々は徐々に知り始めた。顕微鏡で見ることが出来ない分子・原子・量子その先の世界。そして宇宙 138 億光年先はどうか。それはどうやら光速より速く膨張しているらしい。私達の脳が数値的に演算不能な極小・極大のメカニズムが現実に、この地球や私達をしっかりと支えているらしい。目に見えない程小さい量子ニュートリノが私達の身体や地球を自由に貫通している事が解った。目に見える世界だけを認める、或いは現在の科学で解っている範囲だけなら認める、ではどうにもならない現実が私達を取り巻いている。そんな中で科学的かどうか、とい

う思考基準そのものが問題を孕む。それら世界を総称して絶対無限、或いは神仏の領域と考えねば今ある生が死を迎えるという現実の解釈も論理的に全くままならない。

絶対無限は確実に存在する。

絶対無限の存在無くして、この宇宙も地球も存在しない事が何と科学的な見地から言及され始めている。人類は 2000 年以上前から宗教によって絶対無限の存在を直覚し認めてきた。中でも日本人の叡智の結晶たる伝統仏教の祖師、善智識達による仏教思想の前進で、認めざるを得ない絶対無限（代名詞として釈迦・弥陀）の認証・信憑から私達人類の飛躍的発展が裏付けられている。この思想に基づく考え方が二極統合思想だ。人間の生死という二極は、相対有限から絶対無限への行程であり、人間の肉体と生命、人間の煩悩と霊性、自利と利他、善と悪、これら全ては相対有限と絶対無限の二極であり、これからの人類の進化発展に不可欠の重要認識だ。

では何が言いたいのか

今まで仏教などいい加減な迷信か迷言で信ずるに値しない、くだらないものと日本人は戦後教育を受けた。しかし、宇宙科学や量子力学、遺伝子研究で科学は絶対無限の存在を無視してメカニズムの説明がつかない問題に次々と直面している。超一流の科学者がそれを次々と発言している。科学を突き詰めれば突き詰める程、人智の及ばない世界を認知、信憑しないでは科学的探求が尻切れトンボになってしまう。その現実にこそ、科学者はわくわくしているのだ。

瑞巌寺、庫裡
宮城県松島

次期文明
絶対無限が原動力

清沢満之、究極理論

明治36年、清沢満之が亡くなる直前に「我が信念」と題する小論文を書き残している。その中で後世の人類にとって大変重大な内容が、記されている。
人はこの世に生存する限り、生命が肉体に宿っている。その生命とは、大自然がくれた「絶対無限」だ。つまり、生命＝神仏＝絶対無限。が宿っている私達一人一人は絶対無限の慈悲（博愛）・絶対無限の知恵（平等）・そして絶対無限の能力（自由）を潜在的に持ち併せているというのだ。但し、その大自然がくれた生命（絶対無限）を自分自身が認め、その存在を信憑するのが前提だ。未来の私達一人一人は絶対無限の承認と信憑を確かにして、次頁の様に魔法のランプを自由自在に使いこなす事が出来る様になる。

清沢満之が言わねば そのまま死ぬところ。

アラジンと魔法のランプの比ではない

お釈迦さんの仰る通り、私達一人一人は 天上天下唯我独尊のたった一人の個性・独自性を 持ってこの世に来ている素敵な存在である。世界一流の科学者・芸術家・アスリートは、この秘密を意識的、又は 無意識に知っている。超一流の人は、自分の中に人知を超えた絶対無限の世界がある事を信憑している。意表を突き、想像を超える研究開発構想・発想・デザイン・思想・音楽・絵画・文学・アニメ・映画・アスリート記録、その他創造的なシステム・技術・新分野等、人類の進化発展は限りないジャンルの人々の貢献で成り立つ。私達一人一人は、そのどこかの分野に自分の立ち位置がある。資本主義社会では、全てがオカネの価値で評価される。その為、商業的な価値の有無で、人の経済的価値が決められてしまう。しかし、二極統合思想社会では、人間の価値をオカネの価値に置き換えず、生命と大自然の進化発展に貢献するあらゆる分野が評価の対象になる。従来のオカネに換算するという姑息な価値基準でなく、今、経済的な価値が無くても有っても、遠い未来に向かって生命とその保全・発展に役立つと思われる事には無限の拡がりが有り、その全てが評価の対象になる。人類という種の爆発的な進化が他の生態系・大自然と共に保証される。

清沢満之記念館のある三河碧南　西方寺

清沢満之の見解。

「我が信念」は、亡くなる20日前に書いたと言われる。彼は、絶対無限を指す意味で「如来」という表現に統一して述べている。(如来を)「信じる事には、私の煩悩苦悩が払いさられる効能がある。」中略「如来を信じるのは、私の知恵の極限なのである。」中略「私の自力が無効であると信じる点がある。」((清沢満之語録、今村仁司編訳　岩波現代文庫　2005年　414・415頁より)「煩悩・苦悩が払いさられる効能」「知恵の極限」？それは、まあ理解できるが、次の「自力が無効であると信じる」？これは難解である。私の自力が何故無効なのだろう。自分が生まれてから死ぬまで、その間に起きる全ての事は一見、「自力」に見える。人間は、そう思いたいもの。だが、どの親に生まれるか、誰と恋愛するか、誰とめぐり逢い結婚するか、明日どんな事件に巻き込まれるか、「万事塞翁が馬」で自分の意志と思えた部分は、ほんの限定された部分、錯覚で実際は大きな力「他力」に突き動かされて私達は、生かされているに過ぎないのだ。私達にそれほど全てお見通しの予見力など全く無い。全てがあなた（絶対無限）任せの暮らしである事、肝に銘じなければならない。広辞苑でさえ「他力本願」を人任せなどと書いているが､本当の意味を知らない。

絶対無限の慈悲・知恵・能力を我がものに。

清沢満之は、自身の信念を次のように述べている。

「第一の点から言うと、如来は私に対する無限の慈悲である。第二の点から言えば、如来は私に対する無限の知恵である、第三の点から言えば、如来は私に対する無限の能力である。こうして私の信念は無限の慈悲と、無限の知恵と、無限の能力との現実存在を信じるのである。」(同 417 頁)。清沢満之の表現は、何処までも慎みに満ちている。しかし、この部分を何度か読み返してみると、237 頁下図のように理解して一向に差し支えない。何故なら絶対無限を心底、承認･信憑するなら、どちらにせよ私達のこの肉体と、その上に乗る脳はマイティマウスではないが、どの分野か分からないが何か一つノーベル賞で科学賞をとる才能、オリンピックで金メダルをとる才能、野球殿堂に入る人、沢山の作詞や作曲が出来る人、任天堂で面白いゲームを考える人、それをプログラムする人、電気自動車の電池性能を今の数倍にする人、どれも絶対無限の能力を持っている程凄い人に見える。又、アフガニスタンで井戸を掘り、沢山の人を助けた人、普通の人には出来ない、まるで絶対無限の慈悲や知恵や能力が有るとしか思えない人、人、人。これはお釈迦さんの言う、天上天下唯我独尊で、世界でたった一人の自分、が自分だという確かな自覚とその集合体が人間だと、清沢は言っているのだ。

碧南 西方寺

絶対無限の慈悲・知恵・能力

よく整備された現代集合住宅に暮らす人々と 1000 年前に暮らしていた人々は生理的にどこも変わらない。

私達はアラジンの魔法のランプを持っている。

如来を絶対無限という文言に置き換えてみると、「絶対無限を信憑する者は、絶対無限の慈悲と、絶対無限の知恵と、絶対無限の能力が、全て自分の能力として活かす事が出来る。」となる。これは、アラジンのランプどころではない。何が凄いか。自分が絶対無限を信憑する事によって、次の三つ、絶対無限の慈悲・知恵・能力、が自分のものになる。これは、にわかには信じられない超絶の能力を我々一人一人がある前提条件（絶対無限を信憑する）を満たすと、我がものになるという事だ。日本人が世界的にどんな分野でも何でもありな成果を上げる。これは偶然ではない。20 世紀初頭にこの世を去った清沢満之は、仏教的究極に達してその極地を既に掴んでいた。「一流」の極意とは、これだ。

分かりやすいのはアーティストやアスリートだ。

自分などその器に無いし、能力も体力も無い。それは特別な人の話だ、と思う。しかし、完全な誤りだ。誰にでも自分にしかない個性・独自性・過去が有る。これが「絶対無限」に働いてもらえるカギだ。その町で、その方面で不動の評価を得ている人は無数にいる。トップアーティスト、アスリート、シェフ、そして世界的科学者達に共通したある特性がある。それは、人知を超えた超絶作品、神業としか思えないアスリートの記録、そして世代を超えて有効な仮説や発見をする科学者達。彼等は、自分の中に限界を設けていない。したがって、青天井の成果に行き着く。自分に限界を設けてはいけない。

村上博士のサムシンググレート。

高血圧の黒幕である酵素「レニン」の遺伝子解読。米（こめ）の遺伝子配列解明世界一番乗り、世界的な遺伝子学者として注目を集めた村上和雄博士は、「偉大なる何者か」をサムシンググレートと表現して、同名の著書で以下のように語っている。「生命科学の最先端の現場に立つ科学者ほど、同じような感慨に打たれる傾向がある。いや、生命科学者だけではない。古くはライプニッツからアインシュタインまで、そして日本で言えば湯川秀樹博士から朝永振一郎博士まで、世界有数の科学者は、一様に深い世界観を持ち、人間の理性を超えた巨いなる存在の前に、極めて謙虚であった。研究の成果が現実に自然の成り立ちを、際限ない巨大さ偉大さを際立たせたからでもあっただろう。」（村上和雄　サムシンググレート、サンマーク文庫 2013 年　138 頁）絶対無限を信憑するかしないか、他に方法がない表現である。彼にその重大なヒントを与えたのは、ユング心理学で有名な河合隼雄だと、彼を先輩に持った村上和雄が語っている。

村上和雄 著
サムシンググレート

私達は宇宙の星屑
スターダストだ。

私もあなたも
秒速 217km 2億年で銀河系一周
の旅をしている。

天の川銀河と呼ばれる私達の銀河系は、1000億を超える恒星が各々惑星を伴って銀河の中心を周回している。太陽系は銀河系の周りを秒速 217km ２億年かけて回っている宇宙の旅人だ。銀河系を回る太陽系２億年の旅も、地球を含む惑星達が太陽を中心に周回しつつ太陽系全体が螺旋状に回りながら旅をする。その一回転は２万6000年だ。それも大宇宙にとっては、点の様に小さな動きだ。これらの事もこの二、三年である程度正確な事が分かってきた。私達は生きている死んでいる、それだけが大問題ではなく、自分が生命という絶対無限の存在として自分も宇宙も絶対無限である事に意味があるのだ。このちっぽけな私の肉体は相対有限だが、宇宙の星屑だ、スターダストだ。小なりと言えど、宇宙の組成と同じ元素で出来ている。その上、私の正体である生命は絶対無限なのだ。宇宙生命と同質､絶対無限だ。小なりと言えど、私の心は宇宙生命の心を持ち合わせている。私達は宇宙の申し子、宇宙の息子・娘なのだ。

多神教の日本伝統仏教をあなどるな。

ブッディズムはサイエンスの隣にいる

極小も極大も実は絶対無限構造だ。

「生」は形有る目に見える部分。「死」は形の無い目に見えない部分。まだ今の科学で確認不能だが、死のうと生きようと自分の生命というエネルギーは厳然と有る。星がブラックホールに飲み込まれようと、ガス化しようと、その天体の宇宙エネルギーは有る。絶対無限なのだ。運動する駆体である私達の肉体は、同時にエネルギー運動自体が生命エネルギーなのだ。極小も極大も、実は絶対無限構造だ。相対有限の肉体だけではない自分（生命）の存在に感動しよう。オカネ第一は嘘だ。生命第一が本当だ。自利が機能する資本主義は嘘だ。利他が機能するブッディズムが真実だ。生きている限り誰もが生命を持っている。だから自他一如、故に利他は当たり前。自利・エゴで生きるのは、基本からフェイクだ。日本は神社仏閣だらけの国だ。仏像は偶像だ。しかし、仏師の作る芸術作品だ。これを蓮如は御木像よりお絵像、お絵像より名号と暗に偶像を否定している。大切なのは壊れない絶対無限の昔からの象徴、釈迦・弥陀の阿弥陀如来だ。1000年昔から平等院はある。今も10円玉の刻印にある平等院の本尊は阿弥陀如来だ。これは絶対無限の意味であり、絶対無限の代名詞だ。日本文明が次期世界文明たりえる秘密は、ここにあるのだ。資本主義文明のバックボーン、西洋哲学は、生死の「生」の部分だけしか見ない哲学思想で、死を無視して、あるがままを見ていない天動説的片面哲学だ。

私達は宇宙の星屑スターダストだ。

松島　瑞巌寺、庫裡の屋根　破風　懸魚等外観

肉体だけじゃない。生命の存在に気づこう。

「文明」とは人類全体のもの。その中で人間の生命とは何かについて明確な考えを持つ事が重要なのだ。理性や倫理をあてにしてはいけない。これらは肉体発の脳の限界だからだ。人類が富の極端な偏在によって生物学的カーストに別れつつある。資本主義文明がこのまま続けば、IT 革命やバイオテクノロジー革命の結果、2045 年には人類の 90% が不要者階級となる。悪夢の様な資本主義文明の未来だ。在来文明の駆動力、エゴや自利に慎みなど全く無いからだ。情けないが人間とは死ぬまで無知のままだ。生存中に宇宙の現実の数兆分の 1 も無い知見を基に何でも知っている様な前提で生涯を生きる、という滑稽な存在である。その上、矛盾だらけな自分の行動を超主観的合理化で生きるのが人間一

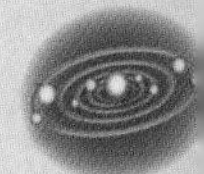

般だ。しかし、一人一人気分の上では殆ど慚愧無く生きる。その中で少しだけ利他の心が働いて、人類に貢献して死ねる人がいる。この人々の遺産のお陰で私達人類には進化発展が有った。普段は殆どそれに気づかないのほほんとした暮らしの人々。残念ながらそれが自分達の現実なのだ。

慎みを忘れるとどうなるか。

自分がどれほどエゴの塊で他人や自然に被害を加えているか、計り知れない。本当は深い慚愧が必要だ。最低、厖大な量の哺乳類の屠殺とその屍肉を美味しいからと、食用にする野蛮行為は技術的特異点（シンギュラリティ）を迎える前に手を引くべきだし、「つつしみ」を忘れた人類が地下資源のエネルギー化と、その副生物の廃棄で生態系を毎日破壊している。そんな種が地球を蝕み、あろうことか核兵器まで考え出し、戦争をビジネスと捉え、同じ人類を奈落の底に追い込んでいる。それらの真犯人が、2500年来西洋哲学を源流とする西洋文明で資本主義世界体制、新自由主義という蛮行であった。その尻馬に乗った日本及び日本人は、大至急、絶対無限（神・仏・サムシンググレート）に跪いていた明治までの平和な過去を思い出すべきだ。有限閉鎖空間としての世界的意味のある江戸264年を日本は経験している。伝統あるブッディズムに立ち戻り、国教としての仏教哲学や思想で少欲知足、名利の大山に登らない慎みのある明治以前の人々、暮らしの営みを取り戻すべきだ。西洋渡来の拡大主義的生活習慣、趣味、思想、着想全てが、自らの種や他の生態系の保全と発展に反する。地球を無限開放空間と誤認した結果の罪深き過去だ。いい加減に気づこう、明治以来、慣れっこになってしまったオカネ第一、損得優先、自利、資本主義的考え方の相対有限一辺倒の生き方を。

瑞巌寺、本堂内部

私達は宇宙の星屑スターダストだ。

ハーメルンの笛吹き男の物語をイベントでやっていたハーメルン観光案内所

資本主義思想は、半身不随

自利を駆動力にした西洋哲学を源流とする資本主義・新自由主義は半身不随だ。肉体と生命、それぞれの本質の内、肉体の持つ煩悩・欲望の極を優先するからだ。生命の持つ霊性・良心を無視している。その為、理性は有っても結局損得ばかりの自利で落ち着く。生命の本質、霊性を主にした日本文明の源流、伝統仏教を基底とする利他の二極統合思想社会へ転換し、霊性と煩悩を統合せねばならない。従来の一極発想、肉体の欲望、煩悩優先でいけば、人類の九割、結果的に全員が不要となる25年先を越えられない。至急、もうひとつの極、生命の持つ霊性、良心を判断の主軸にした慎みのある互恵社会を始めねばならない。明治維新以後転換した思考をかつての洗練された日本文明本来の価値観に戻そう。

自利だけは駄目

資本主義をイチから考え直そう。幕末まで日本文明にあった慎みのある利他の心を子供の頃から学習しよう。従来通り自利の相対有限思想に基づく教育（良い成績をとり有名大学に入学、上部社会構造の一員を目指し、名利の大山に競って登る）を大至急、改めねば、美しい地球そのものが危うい。発展する科学技術を押し止める必要は無い。だが、各々が自由に本領発揮が出来ない損得だけの片面的な拡大主義追求は自殺行為だ。他の生態系、大自然の保全と発展、つまり持続可能な社会思想が欠落している。あるがまま絶対無限の立場に立つ、利他とは何か深く考えて生きねばならない。

従来の自利から次期、利他へ

人類滅亡・繁栄の分岐は目前だ。資本主義・新自由主義体制の茹でアマガエルになったら全ては終わりだ。自利の在来体制は、中から深刻な腐敗が進行している。私達はどうしたら良いのか。このままでは資本主義三悪（核戦争含む戦争、貧富格差超拡大、地球環境悪化）を乗り越えられない。しっかり社会、世界を凝視しよう。自分を振り返ろう。このまま自利に基づく資本主義体制では何一つ安心な未来は無い。それを皆、なんとなくは分かっていながら、どうにも出来ないこの体制を根本から、一人一人が変えるのだ。出来ないと思いこんでいる自利から利他への思考をシフトするツールを一人一人が持つのだ。それが、この伝統仏教を源流とした二極統合思想と絶対無限の認証と信憑だ。現体制がこのまま行けば、あのハーメルンの笛吹に導かれてヴェーザー川に飛び込み、集団自殺するネズミの大群と私達は同じ事になる。

ドイツ　ヴェーザー川

2020 年 10 月、日米共同統合演習に参加する米海軍の原子力空母ロナルド・レーガン四国沖にて　（時事通信提供）

日本文明が今直ぐやるべき事

明治維新と戦後 GHQ という外国勢力による二度の神殺しは、日本人から神仏・絶対無限を奪った。跪くべきものを奪った。その結果、気づけば同じ人間である米国を上部に置いてしまった。結局日本は、米国の欲するままに全てをされている。米政権は如何なる口実（日本が他国に侵略されるおそれがあるから守ってやる等）や、米国との上下関係を規定している日米地位協定という不平等条約も日本に押し付けた。元々日本は外国から守ってもらわねば自国も守れない腑抜けな国民では決してない。沖縄をはじめ今もある二百数十箇所の広大な米軍基地は、何をおいても日本に返還すべきだ。この行為は、日本の独立を侵犯し愚弄する行為である事を米国は深く反省せねばならない。如何なる自国の思

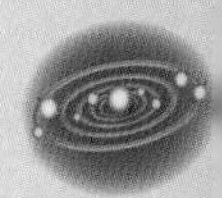

惑も日本に強制してはならない。多数の米軍を駐留し、日本を従属下に置いている現状は、米国が日本に完全な独立を許してない何よりの証拠だ。日本に対する大いなる侮辱である。聖徳太子はじめ空海・最澄・法然・親鸞・栄西・道元・日蓮、その他多くの日本の文明を築いてきた偉大なる人々に、現状を何と言い訳するのか。また、米軍の駐留維持管理費や移転費、その他の名目で日本に経済的負担をかけてはならない。全く前代未聞の異常な事だ。独立を認識できない不感症教育や従属奨励政策を長期に渡り国民にした事を深く恥じて、栄え有る日本文明に残る、恥の歴史に加担した人々の氏名を永くこの国の歴史に明記せねばなるまい。日本の独立を犯す勢力の潜入、内通、居直り、成りすましを排除せずに真の独立は無い。独立を犯すとは他国のエゴを、その国に押し付ける事だ。対外的には対等、平等、互恵、中立の関係が独立国の条件だ。日本の独立を犯す権利はどの他国にも無い。

どこからの侵害も無い独立国へ

日本において、体制の変化が起きているとすれば、それは日本人だけから端を発しているように見えなければならない。(一八六六年四月二十六日、ハモンド外務次官からパークス在日公使宛公文書)

ここでもう一度、一世紀半以上前に英国が日本の薩長下級武士を使って政権を奪取し、その後のインフラをはじめ、経済的・軍事的権益の全てを英国に差し出す見返りに元勲と呼ばれる人々が、全てをした様に日本人に見せてきた英国の存在が蘇る。戦後、なんと80年。長い米国への隷属関係が続き、それを呼吸する様に日常化してきた米国の対日本心理作戦は、大成功のうちに今も継続している。二度の神殺しは、単に跪くべきものを失わせただけでなく、大切な事が判別出来ない教育宣伝政策の主柱となって作動してきたのだ。

欧米文明の象徴
クリスマスツリー

二極統合思想が牽引する科学と宗教の統合

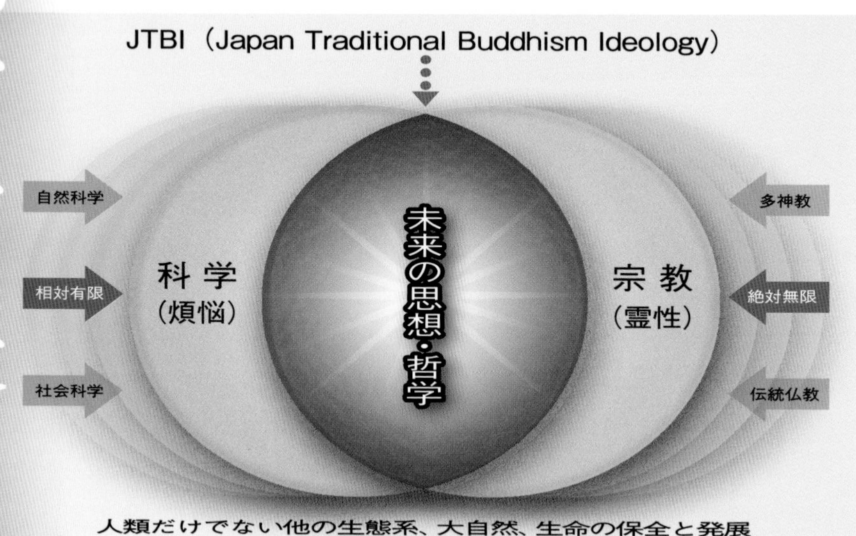

ぬちどぅ宝

歴史を学ぶとは何か。歴史とは死者の過去を学ぶ事。死者とその過去こそ今、生存している者、全ての知、思想の源泉だ。死を忌み嫌う事は、究極の愚民教育である。もう既に亡くなった人々による歴史から何も学ばないなら、私達の今の生活は何一つ無い。史的にものを考える事が如何に大切かの理由である。次の世界に貢献する遺産の蓄積と継承、これが今、生を繋いでいる私達の仕事だ。その為に私達は時間をかけて分野に別れ、優れた遺産を残すべく創造･整理･統合・純化・熟成・濃縮・改革・管理・研究・開発等を繰り返す。ぬちとは生命、絶対無限、永遠に見えないであろう素晴らしい宝物の沖縄の言葉だ。その代名詞が如来・神仏、その他の神々・サムシンググレート・ブッダ・ほとけ・阿弥

陀である。私達は充分な「生」を尽くした後、「死」によって絶対無限に還元される。だから燃え尽きるまで赤々と生きねばならない。生ききらねばならない。中途半端な生き方が許されない所為だ。お互いそれぞれの分野で燃え尽きて死のう。相対有限な人生は「死」という絶対無限にいずれ取って代わる。「生死一如」の終始一貫性はここにある。死なない生は無く。生の無い死も無い。これが自分のあるがまま弁証法的存在だ。相対有限な生と絶対無限な死。この二極の承認・信憑・統合が草木国土悉皆成仏思想に基づいた二極統合思想だ。生物、形あるものの存在は相対有限であり、死及び滅亡は絶対無限で、死・滅亡＝成仏＝絶対無限＝如来である。倫理・知性・理性という肉体発の相対有限な脳思考に留まらず、霊性・良心という生命発の絶対無限からの思考こそ、生きとし生ける全てのものが持つ絶対無限の可能性である。但し、それを使用するには絶対無限という生命の概念について深く広く強い認識と生命・神仏・死者等の存在に対する敬虔・畏怖と存在の信憑が絶対条件だ。現状日本では一日も早く、まず一般的な理性的・倫理的レベルでさえ覆す様な暴走を繰り返す隷属政権に、はっきり反対する意思表示が出発点である。

善・悪など、二極の認識と統合

日本で髷(まげ)や着物は変化して、シャツやパンツ等、洋式が世界を日本を席巻している。何故か。生活上の合理性故だろう。日本文明の「二極統合思想」は世界を席巻する。何故か。暮らしてゆく上で、あるがままの合理性による。資本主義思想は大時代な天動説である。日本文明の「二極統合思想」は、生死を容認する地動説である。これがあるがまま、サピエンススタンダードに成らずこのままなら人類が破滅するか全てを失う。

日本文明の象徴
お正月の鏡餅

あとがき

人類が二足歩行をはじめた。その後､最初に他の生物種と異質な事に手を出した。火を使った事だ。その後、地中から取り出した鉱物を石器から鉄器時代に変えて久しい。その後蒸気機関から内燃機関で爆発力を応用しはじめた。同時期にプラス、マイナスの存在、電気エネルギーを利用し、次にゼロとイチの組み合わせで成立するデジタルへと進化した。
ここまでは科学の「進化」であった。遡って 1892 年、日本人仏教者清沢満之は科学と宗教の垣根を取り払う重大な進化のメカニズムに気づいた。絶対無限と相対有限の概念創出である。これは人類が火を生活に取り入れたよりも、鉄器や電気を取り入れたよりも、生物としての文明的進化では、遥かに大きな前進を意味する出来事なのだ。そのすぐ後、ヨガ直伝者、中村天風が、人類の永い間の大問題であった自分探しの旅に終止符を打った。つまり自分とは、自分の正体とは、自分のイノチ。と言う気づきだ。

750 年前、仏教者親鸞から始まる人間としての自分分析は、これで基本要件を全て満たしたのだ。それはどう言う意味か。人類が､科学と宗教を全く別のもの､と認識してきた、そう信じて疑わなかった段階から、いやそうではない。と言うステージへ一挙に飛び出した。人類と言う生物種一人一人が自分の中に霊性、良心と言う善人性。煩悩、欲望と言う悪人性。二極を内在させて生きている、と言う自覚前提で自分を見ることができる。その為、悪人性と言う社会的にトラブルを起こし易い極の自覚も、考慮に入れて判断し生きられるようになったのだ。これは何を意味するか。もう、人類から戦争や差別、自然破壊を起こす危険性がなくなる。と言う事だ。
清沢満之の絶対無限と相対有限の概念が人類の、宗教と科学の垣根を取り払った。
孔子、ソクラテスから 2400 年、人類が待ちに待った基本概念をようやく手にする事ができた。

科学がデジタルの時代に入り、ゼロとイチの数列複雑化で人類はシンギュラリティを迎える予測が既に立っている。その問題の宗教的解釈を清沢満之は絶対無限と相対有限、と言う概念によって科学と宗教の原理は同じである事を明らかにした。仏教で、煩悩と霊性の問題を表面化させた親鸞から、約700年、煩悩・欲望と霊性・如来を各々相対有限と絶対無限という概念に置き換えた清沢満之の功績は現代のデジタル化の基本が全てゼロとイチ。電気ではプラスとマイナスによって、成り立っている事が共通の概念であることに、人類の一人が気づいたのだ。

プラスとマイナス、イチとゼロ、煩悩・欲望と霊性・良心、二つの極が統合し習合することによって、はじめて人類の未来が決定的に進化できることを明白化した功績なのだ。つまり、146頁からあるように、ゼロとイチと言う概念と、絶対無限と相対有限は同一概念で、長い間人類社会が宗教と科学の共通性を見いだせなかった問題の根本的解決を果たしたのだ。曰く生死の問題。真偽、善悪、美醜の問題、特に生死の概念にとって決定的安楽を人類に与えるのが清沢概念だ。

過去2400年来、人類哲学は生死の問題を一つと捉えず生だけを死と分離して扱ってきた。このあまりに後進的哲学のまま、今日を迎えたと言う事だ。天動説と地動説又は主観と客観、あるいは片面と両面と言える死生観、が人類にとって大きな問題であった。生と死を一つと捉えない後進性がどうしても乗り越えられなかった。今人類は生死の問題そして真偽、善悪、美醜の問題を含め、全て絶対無限と相対有限に分類、分析がわけもなく出来るようになった。コロンブスの卵どころか天地が動転するほどの根本解決を清沢満之はやったのだ。これで地球でのホモサピエンスと言う種の平和的、上質社会建設の文明的目処が立った。前世紀二億人といわれる犠牲者の上に築かれるこの新たな二極統合(習合)社会の誕生である。

オオハシ　トクジ

参考文献

サミュエル・ハンチントン／鈴木主税（訳）「文明の衝突」集英社 2006 年、渡辺京二「逝きし世の面影」平凡社 2017 年、今村仁司（編訳）「現代語訳　清沢満之語録」岩波書店 2005 年、梅原猛「梅原猛の授業　仏教」2004 年、梅原猛「神殺しの日本　反時代的密語」朝日新聞社 2006 年、梅原猛「人類哲学序説」岩波書店 2013 年、梅原猛「人類哲学へ」NTT 出版 2013 年、鈴井大拙「日本的霊性」岩波書店 2012 年、柳宗悦「南無阿弥陀仏」岩波書店 2010 年、和辻哲郎（校訂）「道元語録　正法眼蔵随聞記」岩波書店 1967 年、中村元／三枝充悳「バウッダ［佛教］」講談社 2009 年、中村天風「盛大な人生」日本経営合理化協会出版局 1993 年、中村天風「成功の実現」日本経営合理化協会出版局 1994 年、中村天風「心に成功の炎を」日本経営合理化協会出版局 1994 年、中村天風「いつまでも若々しく生きる」日本経営合理化協会出版局 1998 年、「真宗聖典」東本願寺出版部 2006 年、オールコック／山口光朔（訳）「大君の都　上」岩波書店 1967 年、佐野真由子「オールコックの江戸」中央公論新社 2003 年、エヴァアルド・スエンソン／長島要一（訳）「江戸幕末滞在記」講談社 2015 年、アーネスト・サトウ／坂田精一（訳）「一外交官の見た明治維新（上）」岩波書店 2014 年、ハインリッヒ・シュリーマン／石井和子（訳）「シュリーマン旅行記 清国・日本」講談社 2000 年、小倉慈司／山口輝臣「天皇の歴史⑨　天皇と宗教」講談社 2018 年、山住正己「教育勅語」朝日新聞社 1991 年、吉本隆明「吉本隆明　質問応答集①宗教」論創社 2017 年、上村勝彦（訳）「バガヴァッド・ギーター」岩波書店 2018 年、宮崎克己「ジャポニスム流行としての「日本」」講談社 2018 年、田中優子／石山貴美子（写真）「江戸を歩く」集英社 2005 年、田中優子「未来のための江戸学　この国のカタチをどう作るのか」小学館 2009 年、田中優子／松岡正剛「日本問答」岩波書店 2018 年、苫米地英人「日本人だけが知らない戦争論」フォレスト出版 2015、苫米地英人「洗脳経済　150 年の呪縛」ビジネス社 2015 年、苫米地英人「【新装版】明治という名の洗脳」ビジネス社 2017 年、ユヴァル・ノア・ハラリ／柴田裕之（訳）「ホモ・デウス（上）－テクノロジーとサピエンスの未来」河出書房新社 2018 年、ユヴァル・ノア・ハラリ／柴田裕之（訳）「ホモ・デウス（下）－テクノロジーとサピエンスの未来」河出書房新社 2018 年、ユヴァル・ノア・ハラリ／柴田裕之（訳）「サピエンス全史（上）－文明の構造と人類の幸福」河出書房新社 2018 年、ユヴァル・ノア・ハラリ／柴田裕之（訳）「サピエンス全史（下）－文明の構造と人類の幸福」河出書房新社 2019 年、ユヴァル・ノア・ハラリ／柴田裕之（訳）「21Lessons（トゥエンティワン・レッスンズ）21 世紀の人類のための 21 の思考」河出書房新社 2019 年、ユヴァル・ノア・ハラリ／柴田裕之（訳）「緊急提言パンデミック　寄稿とインタビュー」河出書房新社 2020 年、藤原正彦「国家の品格」新潮社 2005 年筆者が小書の上梓を決意した場所、それは毎週日曜日、正午前 8 時から始まる本弘寺　日曜礼拝だ。間を置く反復の力は恐ろしい。週一回、年 52 回の法座、連続 18 年の聴聞。そこから着想は強化され体系化された。一度聴いてみると浄土仏教とは何かを知る糸口になるだろう。

落涙千行

法然

相模原　鵜野森からの冬の日の出

著者 Profile

オオハシ トクジ

Tokuji Ohashi

大橋十玖仁、1939年4月 横浜市中区生まれ。1957年3月 県立商工高校化学科卒。1958年4月 神奈川大学第二法経学部貿易科中退。1964年4月 株式会社アトム印刷設立。1972年7月 株式会社アトムに改組設立。2020 年 2 月 株式会社文景坊に改組設立現在に至る。

2021 年 6 月 14 日　初版第 1 刷　発行

著　者　オオハシ トクジ
発行人　蔡　晶
発行所　㈱ 文景坊出版
〒 110-0015 東京都台東区東上野 1-10-8 旭光ビル 301
TEL.03-6273-2883　FAX.03-4333-7825
発売元　㈱ 星 雲 社
(共同出版社・流通責任出版社)
〒 112-0005 東京都文京区水道１丁目３－３０
TEL.03-3868-3275　FAX.03-3868-6588
印　刷　㈱ 杏花印刷
写　真　オオハシ トクジ
町野 正幸、和知 一哲、
大橋 天一
デザイン　江嶋　章人

ISBN978-4-434-28997-2
乱丁・落丁本はお取り替え致します。